Monteiro

LOBATO

Monteiro

LOBATO

PREFÁCIOS E ENTREVISTAS

BIBLIOTECA AZUL

Edição: Arlete Alonso (coordenação), Cecília Bassarani e Luciane Ortiz de Castro
Edição de arte: Adriana Bertolla Silveira

Consultoria e pesquisa: Marcia Camargos e Vladimir Sacchetta
Preparação de texto: Cláudia Cantarin
Revisão: Margô Negro
Produção editorial: 2 Estúdio Gráfico
Direção de arte: Adriana Lins e Guto Lins / Manifesto Design
Projeto gráfico: Manifesto Design
Designer assistente: Nando Arruda
Editoração eletrônica: Susan Johnson

Créditos das imagens: Acervo Cia. da Memória (página 19), Acervo Iconographia (página 16), Arquivo Família Monteiro Lobato (páginas 10, 14, 18), Biblioteca Guita e José Mindlin (página 17).

Dados Internacionais de Catalogação na Publicação (CIP)
(Câmara Brasileira do Livro, SP, Brasil)

Lobato, Monteiro, 1882-1948.
Prefácios e entrevistas / Monteiro Lobato. – São Paulo : Globo, 2009.

Bibliografia
ISBN 978-85-250-4719-9

1. Literatura brasileira - Coletâneas
I. Título.

09-07310 CDD-320.981
614.0981

Índices para catálogo sistemático:
1. Poligrafia : Literatura brasileira 869.98

1ª edição, 2ª impressão, 2020

Editora Globo S.A.
R. Marquês de Pombal, 25 - 20.230-240
Rio de Janeiro – RJ – Brasil
www.globolivros.com.br
monteirolobato@edglobo.com.br

SUMÁRIO

Monteiro Lobato

Monteiro Lobato por J.U. Campos

Homem *de múltiplas facetas, José Bento Monteiro Lobato passou a vida engajado em campanhas para colocar o país no caminho da modernidade. Nascido em Taubaté, interior paulista, no ano de 1882, celebrizou-se como o criador do Sítio do Picapau Amarelo, mas sua atuação extrapola o universo da literatura infantojuvenil, gênero em que foi pioneiro.*

Apesar da sua inclinação para as artes plásticas, cursou a Faculdade do Largo São Francisco, em São Paulo, por imposição do avô, o Visconde de Tremembé, mas seguiu carreira por pouco tempo. Logo trocaria o Direito pelo mundo das letras, sem deixar de lado a pintura nem a fotografia, outra de suas paixões.

Colaborador da imprensa paulista e carioca, Lobato não demoraria a suscitar polêmica com o artigo "Velha praga", publicado em 1914 em O Estado de S.Paulo. *Um protesto contra as queimadas no Vale do Paraíba, o texto seria seguido de "Urupês", no mesmo jornal, título dado também ao livro que, trazendo o Jeca Tatu, seu personagem-símbolo, esgotou 30 mil exemplares entre 1918 e 1925. Seria, porém, na* Revista do Brasil, *adquirida em 1918, que ele lançaria as bases da indústria editorial no país. Aliando qualidade gráfica a uma agressiva rede de distribuição, com vendedores autônomos e consignatários, ele revoluciona o mercado livreiro. E não para por aí. Lança, em 1920,* A menina do narizinho arrebitado, *a primeira da série de histórias que formariam gerações sucessivas de leitores. A infância ganha um sabor tropical, temperado com pitadas de folclore, cultura popular e, principalmente, muita fantasia.*

Em 1926, meses antes de partir para uma estada como adido comercial junto ao consulado brasileiro em Nova York, Lobato escreve O presidente negro. *Neste seu único romance prevê, através das lentes do "porviroscópio", um futuro interligado pela rede de computadores.*

De regresso dos Estados Unidos após a Revolução de 30, investe no ferro e no petróleo. Funda empresas de prospecção, mas contraria poderosos interesses multinacionais que culminam na sua prisão, em 1941. Indultado por Vargas, continuou perseguido pela ditadura do Estado Novo, que mandou apreender e queimar seus livros infantis.

Depois de um período residindo em Buenos Aires, onde chegou a fundar duas editoras, Monteiro Lobato morreu em 4 de julho de 1948, na cidade de São Paulo, aos 66 anos de idade. Deixou, como legado, o exemplo de independência intelectual e criatividade na obra que continua presente no imaginário de crianças, jovens e adultos.

OBRA ADULTA*

CONTOS

- URUPÊS
- CIDADES MORTAS
- NEGRINHA
- O MACACO QUE SE FEZ HOMEM

ROMANCE

- O PRESIDENTE NEGRO

JORNALISMO E CRÍTICA

- O SACI-PERERÊ: RESULTADO DE UM INQUÉRITO
- IDEIAS DE JECA TATU
- A ONDA VERDE
- MISTER SLANG E O BRASIL
- NA ANTEVÉSPERA
- CRÍTICAS E OUTRAS NOTAS

ESCRITOS DA JUVENTUDE

- LITERATURA DO MINARETE
- MUNDO DA LUA

CRUZADAS E CAMPANHAS

- PROBLEMA VITAL / JECA TATU / ZÉ BRASIL
- FERRO / VOTO SECRETO
- O ESCÂNDALO DO PETRÓLEO / GEORGISMO E COMUNISMO / O IMPOSTO ÚNICO

ESPARSOS

- FRAGMENTOS / OPINIÕES / MISCELÂNEA
- PREFÁCIOS E ENTREVISTAS
- CONFERÊNCIAS, ARTIGOS E CRÔNICAS

IMPRESSÕES DE VIAGEM

- AMÉRICA

CORRESPONDÊNCIA

- A BARCA DE GLEYRE - VOLUMES 1 E 2
- CARTAS ESCOLHIDAS - VOLUMES 1 E 2
- CARTAS DE AMOR

* *Plano de obra da edição de 2007. A edição dos livros* Literatura do Minarete, Conferências, artigos e crônicas *e* Cartas escolhidas *teve como base a primeira edição, de 1959.* Críticas e outras notas, *a primeira edição, de 1965, e* Cartas de amor, *a primeira edição, de 1969. Os demais títulos tiveram como base as* Obras Completas de Monteiro Lobato *da Editora Brasiliense, de 1945/46.*

O segredo de escrever e ser lido

Lobato, centro de São Paulo, anos 40

Concedidas aos principais órgãos de imprensa, as entrevistas reunidas no presente volume datam da década de 1940 e remetem aos anos finais de Monteiro Lobato. Cobrem o período do Estado Novo, quando ele representava uma das vozes mais requisitadas pelos repórteres na tentativa de romper o duro cerco da censura imposta aos veículos de comunicação. Algumas estendem-se à fase inicial da abertura democrática, em que já havia liberdade para publicar declarações em outros tempos passíveis inclusive de cadeia: "Acho que a grande coisa que a ditadura de Getúlio Vargas fez, e pela qual temos de lhe ser gratíssimos, foi preparar Carlos Prestes para a sua grande missão por meio dum longuíssimo martírio", disse ele ao *Diário de São Paulo*, em março de 1945, ressaltando a impressionante fama do Cavaleiro da Esperança no imaginário popular.

Em relação à Segunda Guerra Mundial, àquela altura próxima do desfecho, previu a vitória moral da Grã-Bretanha, graças à nobreza de caráter de seus habitantes. Aos Estados Unidos caberia a vitória em termos comerciais, tornando-o "senhor de todos os mercados". Já a União Soviética seria, de acordo com Lobato, a vencedora número um no novo jogo de equilíbrio entre as nações hegemônicas: "Pois daqui por diante não se dará um só passo político sem ter em conta a Rússia", garantiu, lembrando que até meses atrás o regime comunista não poderia sequer ser mencionado em nossos jornais.

A ineficiência do governo, que manipulava a economia de forma artificial, com saques sobre o futuro, era igualmente alvo de suas estocadas ferinas. Mas nestas páginas também entramos

Preso em março de 1936, Luis Carlos Prestes passaria nove anos no cárcere. Na foto, discursa em comício do Partido Comunista no Pacaembu, em julho de 1945.

em contato com a trajetória de Lobato que, para atender os jornalistas, realiza uma espécie de autobiografia, abordando cada etapa da sua carreira de editor, empresário e até de funcionário público na gestão de Washington Luis, quando trabalhou como adido ao consulado brasileiro em Nova York. Quase quinze anos após sua volta dos Estados Unidos, por ocasião das comemorações do jubileu de *Urupês*, em 1943, ele ganharia ainda maior visibilidade, discorrendo sobre os personagens da sua produção infantojuvenil e adulta, bem como seu papel na indústria editorial. "Todo Natal eu punha um ou dois livros novos com o prazer da galinha que põe um ovo", depôs à *Revista do Globo*, para arrematar, irônico: "E afirmo que jamais pretendi ser pioneiro de qualquer coisa; sempre quis apenas ganhar a vida".

Embora se queixasse das perguntas repetitivas dos entrevistadores, que nunca mudavam, contrariando, assim, a "lei da evolução definida por Spencer", era com bom humor que respondia a todas elas. Tampouco conseguia recusar os pedidos de prefácio, que começaram cedo, ao término do curso de Direito, quando dividiu uma república no bairro paulistano do Belenzinho, com alguns colegas de faculdade. Uma das suas primeiras apresentações estampava *Ipês*, coletânea de sonetos de Ricardo Gonçalves. Comovida homenagem a Ricardito, morto ainda muito jovem, rememora os despreocupados e boêmios tempos de estudante, trazendo ainda doze notas de rodapé que desvendam as brincadeiras, códigos, hábitos, apelidos e os traços de personalidade dos moradores daquele espaço de sonho e utopia. "Porque nunca mais deixaram de associar-se em meu cérebro e em minha saudade a Poesia e o Poeta tais os conheci um dia no Minarete, ele medindo versos na mesinha em desordem, ela a revelar-se nas flores cor-de-rosa que aos beijos da brisa caíam regirantes da nossa velha paineira florida".

Mas não é só. Ao prefaciar *A luta pelo petróleo*, de Essad Bay, que ele traduzira para o português, termina por formular uma perspicaz síntese da história da riqueza do homem. Enquanto isso, na abertura de *Aspectos de nossa economia rural*, de Paulo Pinto de Carvalho, compara o exemplar recheado de

Ipês, *capa da 1ª edição*

Ricardo Gonçalves

pragmatismo a uma autêntica biblioteca ambulante. Seu entusiasmo, porém, extravasaria ao folhear as provas de *Éramos seis*:

"Apareceu-nos uma senhora Dupré que está operando uma revolução literária", disse ele a Godofredo Rangel em 20 de fevereiro de 1943. "Revelou-me um tremendo segredo: *o certo em literatura é escrever com o mínimo possível de literatura!*".

Confessando sua perplexidade diante dos originais singelos e despretensiosos, sem artificialismos idiomáticos, formula uma hipótese que, no fundo, nunca parou de perseguir.

"Parece que o segredo de escrever e ser lido está em duas coisas – ter talento de verdade e escrever com a maior aproximação possível da língua falada, sem perder, portanto, nenhum dos farelinhos ou sujeirinhas da vida, pois é aí que se escondem as vitaminas produtoras do misterioso e perturbador 'quê' das verdadeiras obras d'arte".

A luta pelo petróleo, *Essad Bey, tradução de Monteiro Lobato*

PREFÁCIOS*

* *Na edição de 1946, das* Obras Completas de Monteiro Lobato, *os prefácios não estão datados. Na edição de 2009 foram incluídas as datas na maioria dos prefácios.*

Prefácio aos *Ipês* de Ricardo Gonçalves*

Na lama da estrada, ao pé da porteira, uma orla de pétalas cor-de-rosa – flores de ipê? – engrinaldam as pocinhas d'água cor de café com leite.

Mas ao *chape-chape* do cavalo que se aproxima, ó lindo revoo de borboletas amarelas dentro do qual eu passo!

Tontinhas!...

Como me veem afastar, sossegam, e uma a uma pousam de novo, asas a prumo, imóveis, como flores de ipês dispostas em grinalda.

A saudade comenta dentro em mim:

– Um soneto de Ricardo...

* * *

De bruços no remanso de um poço à sombra de ingazeiros, de cuja galhaça pendem bainhas retorcidas – peludos escrínios duma polpa que furtou à neve a cor e ao veludo o macio – contemplo um grupo de guarus espiando, ressabiados, uma "vaquinha" de élitros verde-gaio, que caiu na água e boia pernejando.

Um joão-bobo tocaia-me de perto, inclinando a cabecita.

Rumoreja longe o rio, na corredeira.

Bisbilhos, cicios, tentativas de som grifando o silêncio úmido da grota.

E a saudade pensa dentro em mim:

* *Prefácio de 1922. Nota da edição de 2009.*

– Versos de Ricardo…

* * *

Bordejando a ilha das Palmas desliza a canoa no berilo líquido da costeira.

Manuel rema à popa, Juvenal à proa.

Como é loquaz o Manuel!

Não tem fim a história da tintureira que ele embicheirou um dia, lá pelas alturas da ilha da Moela.

Afla o mar com um seio de menina agitado de sustos de amor.

Está calmo, está macio.

Sopram brisas de sudoeste.

Duas gaivotas, imóveis na laje do Major, longe, descansam juntinhas, como pombas.

Só uma nuvem no céu... E a diluir-se, estirada em frouxel de paina…

– As tainhas!

Volto o rosto.

A boreste, línguas de prata, às dezenas, emergem do líquido, cintilam instantâneas à luz do sol, num salto, e caem de chapa na água azul.

– Que lindo!

Não tarda muito, rebola um boto na esteira do peixe.

E outro boto.

E outro.

Somem-se as tainhas.

Somem-se os botos.

E o mar fecha aos nossos olhos a chacina sangrenta que lhe vai no seio.

Fementido!

Todo plágios do céu por fora e todo drama da carnagem por dentro...

– Manuel, Manuel – diz a minha saudade –, está faltando aqui um companheiro, o Ricardo...

– O Ricardo Pequeno, da praia do Góis?

– Não, o outro, o grande – Ricardito...[1]

[1] *Ricardito era como o tratávamos na intimidade, a família e os amigos. Nota da edição de 1946.*

* * *

A casa onde mora aquela
Menina cor de açucena
É uma casinha pequena,
Casa de porta e janela.

Ricardo mede versos na mesinha em desordem.
A janela enquadra a paineira florescida do Minarete.[2]

A espaços uma flor se destaca e cai, regirante. Godofredo Rangel, às voltas com a máquina de café, resmunga contra o Nogueira.[3] Não é que o patife passara a noite a ler Zola à

[2] *O Minarete... Quantas saudades!*

Um pequeno chalé amarelo no Belenzinho, fronteiro à rua Cesário Alvim. Inda existe, conservando bastante do caráter primitivo; é a casa número 372 da rua 21 de Abril.

Ocupávamos o andar superior, composto de dois compartimentos apenas, e como da janela se dominasse a cidade de todos os lados, batizamo-lo – o Minarete. Os "muezins" eram Ricardo, eu e Godofredo Rangel, autor, mais tarde, dessa obra-prima que é Vida ociosa. *Muezins, porque "oficiávamos nas aras da arte" e pregávamos aos povos a "verdadeira estética"... Os povos não nos ouviam, nem sequer sabiam da nossa existência – mas tudo era sonho em nossa vida.*

No quintal da casa, muito amplo, visto que naquele tempo a cidade morria ali e as ruas, hoje construídas, não passavam de simples arruamentos, cobertos de mato, com trilhos de vacas e sebes marginais de roseira silvestre, erguia-se a "nossa" paineira. Objeto de perene contemplação para Ricardo, ora nua de folhas e apendoada de frutos oblongos, ora recamada de flores róseas que atraíam todos os colibris da vizinhança, era essa paineira a nossa árvore querida, a musa vegetal do poeta. Nota da edição de 1946.

[3] *José Antônio Nogueira, esse a quem devem nossas letras* o Amor imortal *e o* País de ouro e esmeralda, *formosíssimos compêndios de ideias sob forma de romance.*

Nogueira aderira ao nosso grupo logo após a crise mental que o arrancou ao seminário mineiro onde estudava para padre. A eterna história. Caíram-lhe nas mãos um Voltaire, um Renan, um raio de racionalista qualquer e toda a igrejinha da crença, haurida no berço e racionalizada no seminário, desmoronara fragorosamente.

Incapaz de mentir a si próprio, deixou a teologia e veio espiar do Minarete o mundo. Tudo em São Paulo era para ele novidade e assombro, o burburinho das ruas, as mulheres galantes, a eletricidade, o sorvete... Jamais saído de Minas, com a meninice e a juventude asfixiadas no "in-pace" *da educação jesuítica, estranho espetáculo oferecia esse ressurreto, alto, magro, anguloso, cheio de braços, cabelos em desalinho, olhos de espanto, roupas inda dos alfaiates de Três Corações do Rio*

luz da chama do álcool, depois de consumido o último coto de vela?

A-ca-son-de-mó-ra-qué...

– Não há mais combustível, senhor poeta!

– Acende estes *Dez contos*.[4]

Verde, espécie de profeta bíblico posto de súbito em plena Cosmópolis. Era Nogueira um montão de escombros em procura dum novo sistema de equilíbrio mental.

Reconstruía-se, restaurava as ideias devastadas pelo tufão da crítica. Lia furiosamente, esgotava a lista inteira dos excomungados do Índex.

Não conseguia, entretanto, vencer o vinco do misticismo e sob a obsessão das causas primárias chamáva-nos de contínuo à liça.

Cortávamos-lhe a frase com risadas céticas, e piávamos:

– Inda estás em Volney, homem? Olha que já todos aqui vogamos em alto Nietzsche...

– Mas a verdade já brilhava no Ramayana!

Novas gargalhadas.

– A verdade! Só aqui no Minarete há três – as "nossas" verdadezinhas...

Nogueira não se afazia ao espetáculo da população da Pauliceia borborinhante na labuta mundana; queria-a contemplativa, na meditação diurna e noturna das causas primárias (ele não dizia mais Deus), e chegou a pensar na fundação de um credo novo, misto de catolicismo e ciência. Ricardo cochichava para os visitantes espantados, que o viam assim fatal e soturno:

– Caluda! Está incubando o decálogo da nova religião do Brás.

Nessa época travara Nogueira relações com Zola. Atirado à cama, a grenha desfeita, o ar feroz, devorava um Zola por dia, lançando as brochuras sugadas para debaixo da cama. Às vezes entrava a leitura pela noite adentro, até consumir-se o último toco de vela. E se o lance empolgava, à falta de vela recorria à garrafa de espírito de vinho que Rangel tinha sempre ao lado da cafeteira – e continuava a ler à luz vacilante da chama azul do fogareiro... Nota da edição de 1946.

[4] *Livro medíocre de um literato de barbica no queixo, muito popular em São Paulo naquela época de extrema pobreza literária.*

Houve um período em que Ricardo e seus companheiros de Minarete "viveram" o Tartarin de Tarascon *de Daudet. Sabiam de cor o livro, e como levavam a vida ao ar livre, em intermináveis passeios pelos campos dos arredores, tudo propiciava essa estranha maluqueira. Ricardo era o Tartarin; Rangel, Bezuquet; Cândido Negreiros, Bompard; Artur Ramos, Pascalon. Havia até o* "chameau" *– aquele camelo que pretendera acompanhar Tartarin à França: um meninão frangote, filho do inquilino do andar térreo, que tinha a mania de rentar Ricardo, sem dizer palavra. Viver um romance, um romance daqueles... Pois vivemo-lo, meses a fio. Muitos anos mais tarde, da última vez que perambulei com ele em São Paulo, antes de dobrar uma esquina, lá nas Perdizes, Ricardo, recordando-se do tempo feliz, entreparou, na atitude defensiva de Tartarin, e exclamou olhando para mim com o olhar truculento:*

– "Eux!..."

E pela última vez nos rimos, com uma saudade infinita do período de ouro da nossa vida... Nota da edição de 1946.

– Pegarão fogo?
– Experimenta. *A-ca-son-de-mó-ra-qué...*
E as flores, uma a uma, caíam regirantes...
E as rimas, uma a uma, ajeitavam-se no verso...
E os contos, um a um, ardiam sob a cafeteria...

Passos na escada. Um grito lá embaixo.
– Ricardo! Rangel! *Té!...*
– *Vé*, Bompard![5] – respondem de cima.
Era o Cândido[6] que chegava, e o Raul[7] e o Artur.[8] A cainçalha[9] integrava-se e a uma voz estrugia, num desafio a Baucaire,[10] o nosso hino de guerra:
Dé brin o dé bran

[5] Vé! Té! *Ainda reminiscências do Tartarin. Sempre que nos encontrávamos, a saudação era essa.*
– Vé, *Bompard!*
– Té, *Bezuquet!*
Quando algum dos companheiros que moravam na cidade vinha ao Minarete, mal transpunha o portão do jardim já levava a mão à boca, em porta-voz, e desferia o Vé! *Surgia logo à janela um dos muezins, que retrucava com o solenissimo* Té! *Nota da edição de 1946.*

[6] *Cândido Negreiros, o primeiro desertor. Faleceu na Suíça em 1909, deixando no grupo um vazio impreenchível. Nota da edição de 1946.*

[7] *Raul de Freitas, companheiro inseparável de Ricardo, cujos versos sabia todos de cor. Muitas vezes, em nossos passeios, quando o poeta, a recitar, perdia o fio, Raul retomava-o, como memória sobressalente que era do Ricardo. Nota da edição de 1946.*

[8] *Artur Ramos, outro companheiro do Ricardo, por quem tinha verdadeiro fanatismo. Nota da edição de 1946.*

[9] *Ricardo era o Cão que Ladra à Lua. Raul, o Cão de Colo. Rangel, Cachorrinho de Caipira. Lobato, Buldogue. Lino Moreira, Cão que Ladra e não Morde. Tito Brasil, Cachorro. Nogueira, Cão de Frade. Albino de Camargo, o Cunegundes (um cão de rua que nessa época vivia em São Paulo pelos cafés) – e por aí além. Nota da edição de 1946.*

[10] *No romance de Daudet há a velha rivalidade entre as cidades de Tarascon e Beaucaire; os nossos vivedores do romance também criaram uma Beaucaire: o Brás, o bairro infame onde pontificavam o literato de barbica e uma caterva de "incompreendidos". Nota da edição de 1946.*

Cabussaran...[11]

Mal agonizavam as últimas notas do "Hino de Minarete"[12], da mesinha em desordem evolava-se um novo:

A-ca-son-de-mó-ra-qué...

Porque nunca mais deixaram de associar-se em meu cérebro e em minha saudade a Poesia e o Poeta tais como os conheci um dia no Minarete, ele medindo versos na mesinha em desordem, ela a revelar-se nas flores cor-de-rosa que aos beijos da brisa caíam regirantes da nossa velha paineira florida.

[11] *Grito de guerra dos tarasconeses, que quer dizer, suponho: "Por bem ou mal serão despejados da janela de Tarascon para dentro do Ródano". Nota da edição de 1946.*

[12] *Rangel compôs uma toada para o hino do Minarete, o qual não era outra coisa senão o grito de Tarascon levemente alterado no fim: Nota da edição de 1946.*

Dé brin o de dé bran
Cabussaran
Dou finestroun
De Tarascooun
Dedins lou Rose

Em vez de dou fenestroun de Tarascon dedins lou Rose, *o nosso hino rezava:* Dou fenestroun de Minaroun dedins lou Tetiose. *Em vez do Rose (o Ródano), entrava o Tetiose, provençalização do Tietê, em cujas águas sujas a cainçalha havia jurado afogar a pandilha inteira dos vates do Brás... Nota da edição de 1946.*

Prefácio à *Antologia de contos humorísticos**

Existe toda uma biblioteca sobre o humor, onde cem autores tentam defini-lo, como há também inúmeras definições de arte e mil remédios para a tosse. Essa abundância é comprometedora. Prova que humor e arte são indefiníveis e a tosse incurável. Mas como é vagamente curável a causa presuntiva das tosses, também podemos vagamente definir as causas ou circunstâncias produtoras do humor e da arte.

Pus-me um dia a pensar no assunto. Há dois meios de abordar um assunto: o dos homens práticos, que vão às enciclopédias ver em que ponto os outros o deixaram, e o dos homens "integralistas", isto é, que se divertem em tentar tirar tudo de si, integralmente. Como? Pensando. O mesmo método de Newton na descoberta da lei da gravitação universal. Vira Newton uma formosa maçã cair da árvore. Em vez de comê-la, como fez Eva no Paraíso, pôs-se a pensar no porquê da queda das maçãs. E emendou pensamento com pensamento até que toda a entrosagem da mecânica celeste se esclareceu em seus miolos.

Eu havia assistido na véspera a uma fita de Gary Cooper, rica em réplicas engenhosas, umas "engraçadas" e outras "humorísticas". Recordei aquilo. Por que razão uma me parecia engraçada e outra humorística? Qual a diferença essencial entre graça, espírito e humor?

O melhor método de bem pensar é o peripatético – passeando,

* *Prefácio de 1944. Nota da edição de 2009.*

andando. Estava agradável o dia, e em vez de tomar meu ônibus no ponto habitual, fui tomá-lo em outro muito distante, a quarenta minutos a pé dali – e nesse trajeto, feito na toada de quem fala mentalmente consigo mesmo, formulei uma noção do humor que a mim me satisfaz mais do que as de Taine, Thackeray e Sud Menucci.

Humor é a maneira imprevisível, certa e filosófica de ver as coisas.

Para obter esses três simples adjetivos qualificadores, foram-me necessários quarenta minutos de pensamento peripatético, desde o jardim da Aclimação, onde há um asno que zurra, até o começo da rua da Glória – 6.261 passos, ou 2.087 por adjetivo. Foi uma verdadeira ascensão do asno à glória, porque solvi de vez um problemazinho mental. Para mim.

Uma das características da boa definição é ser curta. "O homem é um bípede implume." Quando a definição se estende demais, tentando abarcar todos os mobilíssimos pseudópodos da coisa definida, degenera em "noção" ou "tratado" sobre a coisa. Deixa de ser definição, súmula da essência. E muitas vezes um sábio não consegue definir uma coisa em poucas palavras e qualquer simples criança o faz. No tempo em que por aqui nos divertíamos com *blackouts*, perguntei a um menino de 6 anos o que era *blackout*. Ele mo definiu em oito palavras – e duvido que algum o faça com menos: "Fechar as cortinas para a guerra não entrar". "E que é guerra?", perguntei em seguida. E ele: "É navio afundado e falar muito em Hitler". Esse menino tem o dom da definição das coisas nacionais.

Abro o *Webster*, o melhor dicionário de definições perfeitas que há no mundo, e procuro a palavra "Humour"; e entre outras acepções encontro a que nos interessa: "Faculdade mental de descobrir, exprimir ou apreciar elementos cômicos ou abundantemente incôngruos em ideias, situações, acontecimentos e atos; difere do *wit* (espírito) por ser menos intelectual e revelar mais simpatia pelas coisas da natureza, e também "*páthos*". (Não sei por que esta palavra não tem curso em nossa língua, no seu ótimo sentido grego e inglês de piedade comovida e simpatizante.)

O autor dessa definição do *Webster* evidentemente não se

deu ao trabalho de caminhar 6.261 passos peripatéticos. Em consequência, gastou 45 palavras na definição total. É muito. Haeckel definiu Deus em duas palavras: vertebrado gasoso.

O meio prático de pôr em prova uma definição é aplicá-la como um cobertor sobre a coisa definida; se a definição a cobre bem, não deixando nenhum rabinho de fora, é ótima. Pus-me a recordar anedotas humorísticas e a cobri-las com a minha definição.

Há uma clássica:

– "Qual a diferença entre um elefante e um piano?"

– "Não sei."

– "Pois trate de saber, senão vai comprar um piano e impingem-lhe um elefante."

Temos aqui uma resposta perfeitamente humorística, porque *imprevisível, certa* e *filosófica*. Como não há nenhuma espécie de associação lógica entre a pergunta e a resposta, esta é absolutamente imprevisível, pois só prevemos o que é lógico. E além disso é certa e filosófica. Nada mais certo que quem não percebe a diferença entre um elefante e um piano corra o risco de ser enganado e acabe comprando um elefante quando pedir um piano. E é também filosófica, no conselho pragmático que dá.

Se a resposta fosse previsível e consistisse, por exemplo, numa engenhosa associação entre as presas do elefante e as teclas do piano, ambas de marfim, teríamos uma resposta apenas espirituosa, não humorística. E não seria certa nem filosófica, porque nenhuma associação desse gênero alcança a certeza e a filosofia – fica apenas na zona do engenhoso.

Outro exemplo.

Diz Oscar Wilde, não sei em qual dos seus livros: "*I quite sympathize with the rage of the English democracy against what they call the vices of the upper orders. The masses feel that drunkenness, stupidity, and immorality should be their own special property, and that if one of us makes an ass of himself he is poaching on their preserves*".

Wilde refere-se aqui à cólera do povo comum inglês contra os vícios das classes superiores e diz humoristicamente (isto é, imprevisivelmente, certo e com filosofia) que as massas populares têm a bebedice, a estupidez e a imoralidade como propriedades exclusivas suas, e que se alguém das classes superiores faz burrices, está abusivamente invadindo um privilégio do povo.

É de todo imprevisível essa observação, e é certa e filosófica – um caso, pois, bem definido de humor. Se ele dissesse qualquer coisa em lógica associação com o primeiro período, ou defendendo as classes superiores ou menoscabando as inferiores, e se o fizesse dum modo irônico, engenhoso ou cruel, chegaria ao espírito, não ao humor. Mas responde com uma cajadada imprevisível que alcança os dois lados; e certa; e filosófica, porque o que a filosofia ensina é que isso de vícios, estupidez, bebedice e imoralidade não é privilégio de classe nenhuma, sim adminículos temperamentais da natureza humana, como diria qualquer membro da Academia de Letras.

Em Will Durant encontro isto, ou mais ou menos isto: "A vida moderna está ficando de tal modo cara na criação e educação da prole que o ter filhos é hoje um luxo só ao alcance dos indigentes". Essa conclusão é imprevisível, certa e filosófica, o que a torna um belo exemplo de humor. As atuais altas civilizações mostram exatamente isso: os ricos restringindo a prole, já que a criação e a educação dos filhos chegam a ser quase um luxo da opulência; e mostram também que nessas altas civilizações os pobres proliferam tremendamente. Logo, a proliferação é um luxo só ao alcance dos muito pobres...

Um explorador inglês, de chapéu de cortiça com a clássica fitinha flutuando ao vento, foge com quantas pernas tem dum elefante que o persegue nas macegas de Uganda – e vai pensando lá com a sua fitinha: "Como demonstrar a este bruto que vim para a África na qualidade de presidente da Sociedade Protetora dos Elefantes?".

A reflexão do explorador em apuros é imprevisível, certa e filosófica – humorística, portanto.

Outro:

Henri Heine, que tinha fanatismo por Napoleão, certa vez disse: "A Inglaterra foi o único país no mundo que cometeu o ridículo de vencer Napoleão". A ideia aqui é apenas imprevisível, falta-lhe o elemento verdade e filosofia. Como bom alemão, Heine faz um humor *ersatz*, com um dos ingredientes apenas.

O alemão tem incompatibilidade orgânica com o humor, plantinha que viceja quase que só no mundo inglês, como a edelvais só floresce em certas altitudes dos Alpes. Talvez tenha razão Taine em dar o humor como produto essencialmente inglês, como o *esprit* é essencialmente francês e o aticismo era essencialmente de Atenas. O que na Inglaterra é humor, passa a espírito na França, à chalaça em Portugal, à "graça sem graça" na Alemanha, à piada entre nós. Para humor do legítimo, bem como para o legítimo *spleen* e o perfeito *whiskey*, o bom canteiro é sempre a Inglaterra.

O aticismo! É uma reação engenhosa em que o rigor da lógica vai a tal extremo que a ideia vibra no ar com um número de vibrações quase além do suportável pelos tímpanos humanos. Um filósofo grego estava provando que não há diferença entre a vida e a morte. "Então por que não morres?", pergunta para confundi-lo um discípulo. "Porque não há diferença", responde o mestre. Aqui não há humor, porque é resposta logicamente previsível, mas só para cérebros da alta vibratilidade daqueles gregos.

No *esprit* francês, o elemento dominante é uma associação previsível, mas apenas curiosa, amável ou irônica; não há a preocupação do certo nem do filosófico, como no humor.

O poeta Ménage retém entre as suas a mão de Madame de Sevigné. Quando ela a retira, Ménage "faz um espírito" muito francês: "Foi a mais bela obra que jamais saiu das minhas mãos". Reação dentro do previsível, engenhosa e amável. Não transparece humor nenhum.

Exageravam diante duma dama o espírito dum homem de ideias acanhadas. A dama exclamou: "Sim, ele deve *ter* muito espírito, já que não *gasta* nenhum". A reação aqui é previsível, engenhosa e irônica. Também não transparece nenhum humor.

O famoso Pico della Mirandola revelou-se espirituoso desde menino. Aos 7 anos um velho sessentão disse diante dele: "As criaturas que revelam muito espírito em criança tornam-se estúpidas depois que crescem". E o garoto: "Oh, como devia o senhor ser espirituoso quando menino!". Temos cá uma resposta bem previsível, bem associada à observação do velho, e engenhosamente cruel. Espírito puro, nada de humor.

Ocasionalmente o humor transparece em gente não inglesa, mas é nos ingleses que se revela constante, quase como qualidade racial. E que é a excentricidade inglesa senão o humor na conduta? O característico da excentricidade é a reação imprevisível, fora do centro, "excêntrica". *O livro dos esnobes* de Thackeray é do começo ao fim uma fulguração contínua de imprevisibilidades, verdadeiras e filosóficas; é o maior depósito de humor da literatura inglesa. De Thackeray também existe um livro sobre os humoristas ingleses, que é obra clássica e na qual há esta noção: "O humorista não faz apenas ressaltar o grotesco das coisas: faz também, diretamente, apelo à piedade, à ternura, ao desprezo da impostura, à nossa compaixão pelos que sofrem, pelos oprimidos, pelos pobres". Temos aqui a menos humorística definição de humor e bem indigna do grande mestre no gênero. Prova de que é mais facil fazer do que dizer – ou que Thackeray nunca foi a pé da Aclimação à rua da Glória a refletir na essência daquilo que tanto com tanta facilidade vinha de sua pena.

Os americanos herdaram dos ingleses a predisposição humorística, como vemos tão patente em Mark Twain. A sua história do elefante branco amontoa humorismo – mas sem o elemento último, a filosofia. O humorismo americano não é filosófico. Esse elefante branco fugira do circo e o dono fora dar parte à polícia. O xerife recebe a queixa e pede as "características" do fujão. Começa aqui a imprevisibilidade. Pedir características dum elefante branco é o cumulo da imprevisibilidade, porque, diante daquela característica número 1 (ser branco e o único dessa cor existente na América), todas as mais se tornam cômicas. Mas a autoridade policial segue as regras e pergunta:

– "Tem esse elefante algum outro sinal identificatório?"

O dono franze a testa; procura; lembra-se.

– "Sim, tem uma velha cicatriz no sovaco da perna dianteira esquerda."

Era um sinal inútil, porque escondido, mas o xerife manda o escrivão anotar a resposta. E continua:

– "De que se alimenta esse animal? Que come?"

Novo franzimento na testa do dono.

– "Que come? Come capim, ervas, tudo..."

O xerife manda escrever e pede especificação do "tudo".

O dono coça a cabeça.

– "Tudo é tudo. Come tudo quanto encontra."

O xerife quer mais detalhes e pergunta, pondo os olhos na Bíblia em cima da mesa:

– "Come Bíblias também?"

Sim, porque as Bíblias estão dentro do tudo. O dono responde, resignado, que sim. E o xerife, depois de haver mandado escrever:

– "Encadernadas ou em brochura?"

Essa pergunta é tremendamente humorística, dada a sua absoluta imprevisibilidade.

O prazer que as respostas ou ideias humorísticas nos proporcionam decorre do maior ou menor grau de imprevisibilidade, certeza e filosofia. Emerge o cômico, que é sempre o inesperado. Um tombo na rua nos faz rir, porque é inesperado. Spencer tentou penetrar na essência disso. O prazer da leitura dum romance policial reside no inesperado das situações. Se o leitor vai adivinhando o que vem adiante, larga do livro, não sente prazer nenhum. E se há um total desinteresse dos leitores pela releitura dos romances policiais, é que não existe mais o inesperado. E se o inesperado produtor do cômico chega ao imprevisível, certo e filosófico, temos mais que o cômico – temos essa sublimação do cômico que é o humor.

Entre os russos creio que é Anton Tchecov o escritor mais dotado de humor. Possui um conto em que o narrador diz da sua conversa num trem com uma linda criatura do sexo oposto. A moça conta o drama de sua vida. Filha de nobres arruinados, ainda muito na flor dos anos fora obrigada a sacrificar-se pela família – a casar-se com um general riquíssimo, mas de 70 anos. E dez anos passou a linda criatura a suportar as pegajosas senilidades do general, que, por fim, aos 80 anos estourou.

– "Mas veja como sou desgraçada" – conclui a linda criatura. – "Depois de haver sacrificado o melhor da minha mocidade, agora, que enviuvei, sabe o que me acontece?"

– "Vai viver a sua vida, afinal..."

– "Não. Vou casar-me com outro general, mais velho e mais rico ainda..."

O narrador espera tudo da linda criatura, menos aquilo – e essa imprevisibilidade impregna de humor a situação.

Na literatura brasileira a ausência de humor é típica. Vemo-lo apenas em Machado de Assis, como uma edelvais nos píncaros desses Alpes; mas um humor discreto e comedido, como tudo em homem tão discreto e comedido. Em outros escritores às vezes transparece aqui e ali, mas por mero acaso – por "erro" que o escritor na revisão esquece de corrigir. Mas às vezes até o povo, nas anedotas circulantes, alcança esses "erros" .

Havia numa província da Pérsia dois Omares – Omar Nádegas, um pobre-diabo, e Omar Nafizudi, o sátrapa. Omar Nádegas sempre se chamara assim, sem que pessoa alguma se implicasse com o seu estranho nome, mas depois que o sátrapa começou a decair no conceito do povo, entrou o povo a implicar-se com o nome de Omar Nádegas.

– "É preciso mudar de nome, homem. Omar Nádegas! Isso até chega a ser obsceno. Mude de nome. Adote outro menos desmoralizante."

– "E que tenho de fazer para isso?"

– "Nada se faz aqui sem ordem do sátrapa. Peça-lhe uma audiência, exponha-lhe o caso e obtenha autorização para a mudança do nome. Muito simples."

Omar Nádegas vai ao palácio, obtém a audiência e explica ao sátrapa a história. Nafizudi concorda; acha que aquele nome é de fato desmoralizante, obsceno, e concede-lhe a autorização para a mudança. Mas cai na asneira de perguntar se ele já havia escolhido outro nome.

– "Sim" – responde com a maior ingenuidade o pobre homem. "Quero chamar-me Artaban Nádegas..."

Temos aqui uma anedota folclórica perfeitamente humorística; a resposta do postulante é de todo imprevisível.

Mas são exceções. A terra do humor é sempre a Inglaterra. Entre nós o humorismo "sai" às vezes, como entre os negros sai um filho aço ou albino. Não é emanação constante, como entre os ingleses. E nem mesmo o horrível bombardeio de Londres mudou o tom racial da ex-pérfida Albion.

Encontro no "Punch" uma caricatura típica. A sereia dera aviso de "alemães no ar" e todos se encafuam nos abrigos antiaéreos. Findo o bombardeio, uma família de gente fidalga emerge para a luz do dia e encontra a bela residência rasa com o solo, tudo esmoído em escombros – mas no jardim nenhum estilhaço de bomba alcançara o “melão”. O melão! O melão único, lindo, que se ia desenvolvendo muito bem e constituía o *hobby* daquela gente. Ao deixarem o abrigo, a grande coisa que os preocupava era o que sucedera ao melão; e com êxtase rodeiam a fruta, abaixam-se, examinam-na e exclamam: “Não aconteceu nada. Está perfeitinho”.

Humor aqui e dos mais puros. Imprevisibilidade absoluta da reação daqueles ingleses. E tudo muito certo: o melão estava realmente intacto. Só o elemento filosófico é que exige algum esforço para ser encontrado.

Dos fatos se depreende que a essência do humor é a imprevisibilidade, os outros dois elementos não sendo rigorosamente necessários, embora na maioria dos casos concorram. E conforme concorrem um, dois ou os três elementos, temos humor de primeira, de segunda ou de terceira classe – mas, em todas as hipóteses, sempre humor.

Eis o que de improviso posso dizer neste prefácio de encomenda a uma coletânea de contos humorísticos da Brasiliense. Não é um estudo eclético e em trajes de rigor do que já se escreveu sobre o assunto – sim apenas a conclusão do a que cheguei por força dos 6.261 passos da Aclimação ao começo da rua da Glória, a esmoer o tema no moinho do pensamento. É provável que a gestação peripatética produzisse feto maior e mais de vez, se meus pés me houvessem levado até a Ponte Grande, por exemplo. Mas o elemento cansaço costuma interferir no peripateticismo – a gente toma o bonde que passa e adeus maçã de Newton!...

Prefácio a uma seleta de contos brasileiros organizada nos Estados Unidos por Lee Hamilton*

Há alguns meses tive ocasião de ouvir em São Paulo uma conferência de Lewis Hanke, o inteligente diretor da seção hispânica da Biblioteca do Congresso, de Washington, em missão de *good will* pela América do Sul. Hanke falou em português – mas num português de muita novidade para os ouvintes, uma especie de *pidgin Portuguese*, não só extremamente pitoresco e deleitoso, como perfeitamente compreensível. Terminada a conferência, fui cumprimentá-lo e disse-lhe: "Meus parabéns, Mister Hanke. O senhor, sem o querer, acaba de realizar uma grande coisa: plantou a semente duma língua nova no mundo – o 'Português Básico'".

Disse aquilo de brincadeira, mas em seguida, refletindo no caso, convenci-me de que, assim como C. H. Ogden criou o maravilhoso instrumento de expressão que é o inglês básico, era possível fazer o mesmo para todas as línguas vivas – o que viria simplificar enormemente o estudo das línguas para *propósitos práticos*.

Nada mais difícil do que aprender uma língua estrangeira, porque o manejo duma língua envolve processos mentais só adquiríveis quando a mamamos no seio materno. O falar em nossa língua nativa torna-se uma função orgânica como outra qualquer – como o respirar, o ouvir, o ver. Mas se é assim difícil aprender uma língua estrangeira, nada mais fácil do que assi-

* *Sem identificação de data. Nota da edição de 2009.*

milar o que nela há de básico, jogando apenas com o vocabulário essencial. Ogden reduziu o imenso vocabulário da língua inglesa a oitocentas palavras apenas, as essenciais – e por que não aplicarmos o mesmo processo às outras línguas?

O inglês se presta singularmente para o processo básico de Ogden porque é uma língua sem flexões, mas a supressão das flexões nas línguas que as têm, como o português, não faz mal à compreensão, como sem o querer Hanke demonstrou em sua conferência. Se a língua mais espalhada no mundo, como é a inglesa, dispensa flexões, isso demonstra que a flexão é uma inutilidade, um atraso, um retardamento de evolução. E no português da roça no Brasil as flexões vão desaparecendo. Um caboclo da roça fala à moda inglesa. Diz, por exemplo: Eu vou; Você vai; Ele vai; Nós vai; Vocês vai; Eles vai, em vez de dizer como no português gramatical, ou "não evoluído": Eu vou; Tu vais; Ele vai; Nós vamos; Vós ides; Eles vão. Temos aqui seis flexões que o caboclo da roça, esse precursor de Hanke, reduz a duas apenas, sem que de nenhum modo se faça menos compreendido que um membro da Academia Brasileira de Letras.

A ideia do Basic English é dar ao mundo uma "língua franca", isto é, aberta a todos – e nada mais possível, sobretudo se a atual guerra tiver desfecho favorável aos povos de língua inglesa. Mas a "basificação" das outras línguas também seria de enormes vantagens para a intercomunicação dos povos, pelo menos enquanto o inglês básico não se universaliza – o que ainda não passa de aspiração.

Se tivéssemos esse português básico, esta coleção de contos tirados da literatura brasileira certamente alcançaria muito maior número de interessados, e a todos os estudiosos dum idioma sul-americano pouparia trabalho e tempo. Porque o que nesses contos há de mais difícil para o leitor norte-americano são as pequenas nuanças regionais que a "basificação" destruiria sem prejuízo do essencial.

Um exemplo. Certo autor brasileiro começa um dos seus contos assim: "O pegureiro tangia o armento para o aprisco". Como traduzir isso para o inglês? A tarefa não é fácil, porque exige, primeiramente, que seja vertido para o português atual que se fala no Brasil. Essa tradução em português atual daria isto: "O negro toca o gado para o curral" – porque já não temos "pegureiros" ou pastores, e sim um "negro" ou um vaqueiro que lida com o gado. E não temos "armentos" ou rebanhos, e sim "gado", em geral. E o verbo "tanger" está restrito ao uso poético (tanger a lira, por exemplo). Em vez do tanger temos o verbo "tocar" (tocar sino, tocar música, tocar galinhas, tocar gado). E não temos mais "aprisco", palavra também confinada ao uso poético. Temos o "curral". De modo que a frase do nosso contista, na forma arcaica em que a escreveu, é praticamente intraduzível para o inglês, embora esteja descrevendo a coisa ou a cena mais traduzível deste mundo em todas as línguas existentes, inclusive o inglês básico.

O livro de Mister Lee Hamilton reúne contos de vários escritores brasileiros. Imagino que o pobre tradutor esbarrará em muitas dificuldades, mas todas serão do gênero acima apontado, isto é, decorrentes da falta de *directness* no estilo.

O Basic English não passa da *directness* aplicada ao idioma inglês. O português básico seria a mesma coisa aplicada ao idioma português. E o tradutor inteligente, o que faz quando passa a literatura duma língua para outra é aproximar-se da *directness*.

Porque o homem e a vida humana são essencialmente a mesma coisa em todos os recantos do mundo. Somos todos levados pelos mesmos motivos e tremendamente semelhantes em nossas impressões e reações. Se não nos entendemos, a ponto de nos estraçalharmos a tiros na Europa e na Ásia, é porque, tanto no processo das línguas como no resto, o que domina é a mais desastrosa *indirectness*.

Prefácio às *Contas de capiá*, de Nhô Bento*

Foi em casa do Cícero Marques. Certa noite encontrei lá dois estranhos, um gordão e moreno a quem davam o nome de Nhô Bento – e era de fato um perfeito "Nhô", bonachão, sossegado. O outro, um chatola, foi-me apresentado como Pagano. Eu podia pensar tudo daqueles dois homens, menos que fossem dois verdadeiros e grandes poetas. Em certo momento Cícero pede a Nhô Bento que recite um dos seus poemas. Nhô Bento levanta-se, limpa o pigarro – e eu suspiro por dentro, preparando-me para a seca. Esses tais recitativos de encomenda são em geral uma estopa que a gente tem de engolir de cara amável, com palminhas no fim e pedidos hipócritas de "Recite outra...".

Mas a minha surpresa foi grande. O homem pôs-se a dizer, com uma expressão, uma verdade e uma propriedade inexcedíveis, os melhores poemas caipiras que ainda ouvi – ricos de imagens novas, de modismos, de mil particularidades que no momento eu não podia analisar mas me *enlevaram*, como igualmente enlevavam a todos os presentes. Cícero olhava-me orgulhoso – o orgulho dum empresário feliz. "Eu não dizia?", era a sua expressão ante o nosso espanto. E quando entre palmas Nhô Bento terminou o seu poema, o "Recite outro!" foi geral e sinceríssimo, porque versos como aqueles são como bom-bocados que um não contenta.

* *O nome correto do livro é* Rosário de capiá; *o nome completo do autor é José Bento de Oliveira e este prefácio é de 1947. Nota da edição de 2009.*

E depois de Nhô Bento levanta-se Pagano e também diz emocionantemente vários dos seus "poemas negros", tão pitorescos e doridos. Foi uma das mais belas noites da minha vida, essa em que travei conhecimento com dois estranhíssimos poetas, desses que não fazem invocação a Apolo, não entram nas academias, mas enchem a alma do povo e imortalizam-se de verdade – como o grande Catulo.

Discutiu-se depois a publicação dos poemas de Nhô Bento e com prefácio meu! Pobre de mim! O menos crítico dos homens, o mais sem jeito, e virado "prefaciador oficial" de livros, como antigamente havia na roça aqueles "oradores oficiais" das festinhas de família...

Mas como eu já havia jurado aos deuses pôr fim a essa função prefaciadora, venho hoje declarar em público e raso que não, não e não. Não faço o prefácio pedido, não só para não ficar mal perante os deuses, como porque acho dificílimo fazer um prefácio decente para um livro excepcionalmente bom, sincero, leal e de tanta beleza rústica como este de Nhô Bento. Não o faço porque iria naufragar – e onde já se viu naufrágio de moto-próprio?

Este nosso país é um assombro. Nascemos aqui, vivemos e morremos aqui e não o conhecemos. Conhecemo-lo tão pouco que, quando apareceu o primeiro retrato *d'après nature* do jeca, foi um espanto geral, e uma celeuma que durou anos e ainda repercute. É que ninguém sabia como era o jeca – e sabem quantos jecas há neste país? Milhões. Talvez quinze milhões, isto é, a terceira parte da nação! Mas esses milhões de nacionais vivem de tal modo segregados da civilização das cidades grandes e pequenas, tão alheios à cultura geral, que somos etnograficamente um balde com dois terços de água e um de azeite – coisas imisturáveis.

Temos duas civilizações, ou melhor, duas "culturas": a cultura importada, dos que vivem nas cidades, sabem ler e escrever e até livros escrevem!, e a "cultura local", filha da terra como um cogumelo é filho dum pau podre, desenvolvida pelos homens do mato – o caboclo, o caipira, o jeca, em suma. Como o jeca nunca leu nada nem escreve, a sua cultura se foi fazendo ao tipo primitivo, por lentas acessões e restritas experiências locais – e com a transmissão sempre oral. O assunto é grande demais para caber num prefácio; exige livros, já que se trata duma "cultura" de quinze milhões de seres humanos. Mas cumpre-nos aqui considerar a galope um dos aspectos dessa "cultura": a língua, pois foi na língua do jeca que Nhô Bento nos encantou.

Essa língua descende da que os portugueses introduziram e que alijou a língua geral então existente nestes territórios: o tupi-guarani. Ficou a língua portuguesa sendo a língua geral do Brasil e até hoje o é. E por que o é? Porque aprendemos o português de duas maneiras: de ouvido e de leitura. Se o aprendêssemos só de ouvido, como acontece com o jeca, a nossa "língua geral" estaria hoje tão distanciada da língua portuguesa que um português não a entenderia. O que conserva as línguas e impede que caminhem com velocidade excessiva pela tentadora estrada da evolução é a escrita.

Mas como o jeca nunca soube ler nem escrever, a evolução da língua portuguesa em sua boca se fez a galope. Nhô Bento em seus poemas fixa muito bem a língua falada do jeca – e antes que me esqueça: por que os nossos filólogos não extraem a gramática dessa língua do jeca? Que interessante seria!... Quanta "mutação" vocabular, quanta variação da sintaxe, da prosódia, de tudo!... Troca do "b" pelo "v": "cumbérsa", "bérso", "cuvérta"... O "lh" substituido pelo "i": "abêia", "páia", "máia" (malha)... O "ou" reduzido a "ô": "fumô", "botô", "juntô"... Quantos aspectos!

Devíamos fazer a gramática da interessantíssima "língua do jeca" como os franceses fizeram a gramática da "língua de oc"; e devíamos ensinar essa gramática nas escolas, lado a lado com a gramática portuguesa, em vez de torturar as pobres crianças com o terrível e inútil latim do senhor Capanema. Ficaríamos assim educados em duas línguas, a geral, ou portuguesa, e uma língua auxiliar, a do jeca. Que vantagem haveria nisso? Oh, grande: podermos falar gramaticalmente com os quinze milhões de jecas que há no território brasileiro.

A evolução dessa língua é curiosíssima e inteligentíssima, como todas as evoluções não atrapalhadas pelos breques dos artificialismos. A forma escrita das línguas é um artificialismo tremendamente embaraçador da evolução natural das línguas. Tão emperrado, que no inglês a língua falada está pra cá, e a escrita está pra lá. Mister Churchill escreve *enough* e diz "inâf".

O jeca teve a felicidade de não saber ler nem escrever, de não se preocupar com a Academia de Letras, de usar dos jornais unicamente o papel – e graças a isso "evoluiu" a língua portuguesa só de ouvido e sempre de acordo com as injunções da "lei do menor esforço" e da "lei da melhor compreensão". E como suprimiu besteiras inúteis! Os verbos, por exemplo. Nós, por causa da tirania da escrita, ainda estamos com tantas variações pessoais como as tinha o latim. Dizemos: Eu tenho, Tu tens, Ele tem, Nós temos, Vós tendes, Eles têm. Há um grave defeito aqui. Se o pronome já indica a pessoa do verbo, por que indicá-la de novo com a variação do verbo? Redundância, bobagem – perda de esforço. O jeca, muito mais economizador de esforço, porque vive na maior das penúrias, diz: Eu tenho, Vancê tem, Ele tem, Nóis têm, Vancês têm, Eles têm. O inglês diz: *I have*, *You have*, *He has*, *We have*, *You have*, *They have* – e tanto o jeca como o inglês exprimem perfeitamente a "pessoa que tem", sem estarem latinescamente e variando o pobre verbo.

Há uma estranha aproximação do inglês com a língua do jeca, a ponto dum meu amigo, o Visconde de Sabugosa, achar que essa língua deriva do inglês e não do português, como o saudoso Álvaro Guerra supunha. O jeca forma os seus plurais com a mesma inteligência e economia do inglês; diz, por exemplo, "as casa", "os home", "as muié", em vez de dizer redundantemente como o português, "as casas", "os homens", "as mulheres". O inglês diz *the houses* (a casas), *the men* (o homens), *the women* (a mulheres) – a mesma coisa que o jeca, só que invertido. Se pondo apenas o artigo no plural a frase fica perfeitamente clara, para que botar no plural também o substantivo? Pensa com muita razão o jeca e o inglês faz o mesmo raciocínio quando pluraliza o substantivo e não mexe no artigo.

Tudo isto eu diria no prefácio ao livro de Nhô Bento, se fosse escrevê-lo. E acentuaria que o mesmo direito que tiveram os portugueses de corromper o latim e transformá-lo em língua portuguesa temos nós, letrados, de corromper a língua portuguesa e transformá-la na "língua brasileira"; e tem o iletrado jeca de "evoluí-la" em outro rumo. Mais cientificamente, podemos dizer que a língua portuguesa no Brasil está sofrendo duas variações: uma lenta, da gente que sabe ler e escrever, e outra rápida, da gente da roça segregada do urbanismo, do livro, do jornal e do rádio – o abençoado jeca que tem a sorte de não ler os jornais do governo nem os da oposição e de não ouvir a *Hora do Brasil*.

Quem condena como coisa "errada" o modo de falar ou a língua do jeca, revela-se curto de miolo. Os modos de variação duma língua são fenômenos naturais, e não há erro nos fenômenos naturais. Erro é coisa humana. Temos que estudar essas variações em vez de tontamente condená-las, pois condená-las equivale, por exemplo, a condenar os anéis de Saturno em nome dos planetas que não possuem anéis; ou as caudas dos cometas em nome dos astros suras; ou as sementes da paineira por virem ao mundo envoltas num algodãozinho em nome das sementes de capiá, que vêm nuas.

O latim bárbaro dizia, ou devia dizer, *OCULAVIT AD ME*.[1]

Por uma série de corrupções que os filólogos de bom faro rastreiam, esse latim deu em Portugal a variação: OLHOU BEM PARA MIM. Houve melhoria de expressão; o "bem" está acentuando o modo de olhar.

O jeca ainda melhorou mais a frase e diz, como vemos no "Doce de cidra", um dos poemas de Nhô Bento: OLHÔ BEM N'EU. O pobre jeca, sempre de estômago vazio e na embira, forçado a levar ao máximo de suas consequências a lei do menor esforço, suprimiu o inútil "u" do "olhou" e dispensou a variação pronominal "mim", já que só com o pronome "eu" ele (e todo mundo) se arranja perfeitamente bem.

Mas como tratar dum assunto tão suculento e longo dentro da curteza dum prefácio? Só no que diz respeito ao setor da "língua do jeca", como Nhô Bento a fixou em seu livro, teríamos de escrever um volume de seiscentas páginas.

Bem: e quanto teríamos de escrever sobre o mérito dos poemas – o mérito poético, o mérito emotivo, o mérito humorístico, o mérito pitoresco, o mérito beleza? Livros e livros... E querem que tudo caiba no coitadinho de um prefácio...

Não, amigo Bento, não posso fazer o prefácio que você quer. Há coisas demais em seu livro e

Quem de tudo qué sabê

[1] *Informação do meu distinto e sábio amigo Fernando de Azevedo. Nota da edição de 1946.*

acaba, não sei pro quê,
maluco que inté dá medo
fazendo as conta nos dedo
sem nunca podê acertá.

O poema em que estão esses versos abre o livro e tem o nome de "Rosário de capiá". Que linda obra-prima de observação da natureza agreste em correlacionamento com a emoção humana! O capiá é um capim alto que produz como semente umas contas azulegas muito lustrosas e duras, com as quais na roça se fazem os rosários. Parece que já nascem para isso, pois apresentam um furinho dum extremo a outro, muito próprio para receber o fio de linha. Para o bom Bernardin de Saint Pierre os melões também nascem com a casca dividida em gomos para nos facilitar o corte das fatias. Nhô Bento começa o poema figurando uma touceira de capiá à margem dum corgo, que ali nasceu e ali vive a ver "a água correr o ano inteiro sem parar". O meio de com aquelas contas azulegas fazer um rosário.

é só a gente passá
um fio de linha no meio,
pra mode enfiá as continha,
com jeito, pra não errá...
Quando o fio tivé bem cheio,
co'as conta tudo juntinha,
também tá prontinho e feito
um rosarinho perfeito
de contas de capiá...

Só isso. É assim que na roça as meninas ou a mulher do jeca fazem os seus rosários, muito mais bem vistos no céu do que esses rosários de luxo das damas ricas da cidade. Nhô Bento dá alma às contas de capiá e mostra-as no seu convívio com as águas do corgo.

Mas, como eu ia contando,
as conta de capiá
azurzinha, bonitinha,
quando elas fica quietinha,
paradinha na varinha,
tão vendo o corgo passá.

"Paradinha na varinha", isto é, nos caules do capim, como pedantescamente nós, letrudos, dizemos. E agora vem a filosofia do poeta: o corgo é a vida que passa; e as contas presas ali no caule ficam

guardando pra não perdê
o que as água mexerica,
o que o corgo vai dizendo,
se coçando, se lambendo,
ispaiando os mixirico,
regatero que nem mico,
pulando que nem saci!

Mas a água que corre também tem seus sofrimentos, a coitadinha; e

passa as veis triste, calada,
não canta, não diz nada,
só geme co'a dô que tem...

Oh, o choro das águas que passam! É dor que as contas do capiá não contam para ninguém; guardam-na consigo; não contam mas a gente

...adivinha
proquê o jeito das continha
ademóstra sem falá...

Pois foi observando as contas de capiá às voltas com as águas do corgo, "olhando, sem piscar, paradinhas e quietinhas, tudo que se passa", que o poeta "maginou" e garrou o

...cumprimisso
de ponhá num fio de linha,
prá mode ficá bem juntinha,
minhas conta de capiá –

isto é, as recordações de sua vida, seus amores, suas mudanças de terra, tudo que viu e aprendeu do seu ponto de estacionamento à beira do corgo da vida. E Nhô Bento compõe um poema dos mais realmente poéticos que possam existir. As principais contas de capiá de sua vida ele as enfileira ali, sobretudo a profunda afeição pela doce criatura que o botou no mundo:

Aquela que só aconselhava
inté quando ralhava.

E um dia o bom filho, já na idade madura, sentiu em si a eclosão do poeta; organiza então um rosário com as contas de capiá de sua vida para dá-lo de presente à sua mãezinha já no céu.

No fim, quando enfiei a conta que fartava
pra sê a urtima conta infiada no fio,
meu coração tremendo se ria e chorava
e se assombrava inté co isso tudo que viu...

Meu pensamento então foi longe e me largô.
Levô o fio de linha e as contas que enfiava,
foi no céu campeá minha mãe donde tava
deu de presente a ela o rosário e vortô...

O prefácio teria de historiar esse comprido poema, e todos os outros, e acentuar-lhes as belezas ingênuas; só assim ficaria o leitor com uma ideia aproximada da significação do livro de Nhô Bento.

Quanta coisa linda esse livro nos vai deparando! Quanta continha de capiá no rosário de cada poema!

Um deles me parece talvez o melhor da coleção – "Ribeirãozinho".

Aquela caboca ladina e facera
que um dia, na estrada,
parô na portera,
me oiando incantada,
gostando de mim;
aquela caboca que eu sendo tão feio
me achava bonito, vestindo um pareio
de rôpa de brim...

Aquela caboca que espia o que eu faço...

Aquela caboca que insina eu cantá...
Aquela caboca que sempre me espia
falou que eu devia
oiá o ribeirão,
ponhando tenção
no que as águas fala depressa, correndo.

E o poeta descreve o ribeirão cujas águas passam resmungando "que nem gente veia".

Oiando bem nele, de olho istanhado,
é que a gente pesca o que vai fazendo
o ribeirãozinho que passa correndo,

artero e assanhado,
que despois, parado,
cochila e descansa
taliquá criança
que quando parece que cai de cansera
tá logo assuntando quarqué brincadera.

E quem poderá pintar melhor a travessura das águas em seu eterno defluir?

Quando ele esperneia que nem cabritinho
pregando pulinho
rasgando a ropinha de escuma que fica,
é mesmo a criança levada e curica
que brinca e que canta
desde que alevanta...
Que atrepa nas arve que nem serelepe
que se desimbesta pro riba dos estrepe
cos dois pés no chão;
que máia o dedão
nas pedra da estrada.
se rindo, zombando, fazendo caçoada
porque não há nada
que faça pará
criança levada
quando qué reiná...

As águas que passa ligeira, pulando,
é iguá co'as criança quando tão brincando
de "mestre mandá"... de "tempo será"...

E Nhô Bento vai por aí além, "criando", criando coisas inéditas em nossa literatura, tão simples, tão ricas de sugestão e beleza campestre.

E as águas vão indo,
correndo e sumindo,
aluindo os barranco, mexendo as pedrinha,
fazendo fosquinha,
taliquá criança
que mexe com tudo que topa e que ascança,
fazendo micage, ponhando defeito
co'a gente mais veia fartando o respeito...

Todas as nuanças da água que flui são lembradas no poema de Nhô Bento.

Ele não esquece das flores que caem n'água:

E as frô, despencando,
vão se debuiando
no ribeirãozinho,
os gaio das arve largando sozinho
que nem fio ingrato
que esquece do trato
que teve do pai...

Ponhando sentido nas frô, quando cai,
quarqué comparança
se fais co'a esperança
que a gente pissuiu
e se consumiu...

E afinal as flores vão virando babugem e param na escuma dos poços remansados. O poeta conta isso assim:

E quando o corguinho, decerto cansado,
cochila, parado,
as frô que caíram
que se consumiram,
que também parô,
mas mudô de cô
de tanto rolá,
dá pena se oiá!

Tá tudo juntinha,

tudo agarradinha,
que nem se conhece...
Vendo elas parece
que a escuma vermêia
que deixa elas feia
é que nem as cova mostrando os ossinho
de um corpo de anjinho

Tá tudo quietinho
Inté os passarinho
cumbersa baxinho!

Como fazer prefácio a um livro dum diabo assim? Impossível. Ficaria grande demais e não diria nem a metade do que a obra merece. Não cabe à crítica julgar Nhô Bento. Isso está feito pelo juiz supremo: a enlevada expressão de encantamento de todos quantos o ouvem recitar. Diante desse enlevo, que vale a aprovação dum crítico? E como é disputado Nhô Bento! Todos o querem. Solicitam-no de todos os lados, para todas as festas, como Catulo em seu período áureo.

E vendo isso, e comparando o enlevo que seus poemas nos provocam, ficamos a imaginar que neste país de duas "culturas" tão diversas, a letrada e a iletrada, talvez seja a iletrada a mais interessante, a mais original, a mais rica em poesia. Pelo menos a poesia que nela existe é local, inédita, nascida aqui mesmo como os musgos, as avencas, as orelhas-de-pau. A outra cultura é, e sempre foi, de importação. Importou no começo a arte e a poesia do "reino"; depois importou-as da França; depois passou a recebê-las do mundo inteiro; e quando nasceu por lá a bobagem do Marinetti, nossa culturinha litorânea, bobinha, bobinha, começou a marinetizar – e até hoje anda nisso em vários setores, como no da pintura, sem jamais conseguir que ninguém se interesse pelo que o jeca chama "porcaria".

Como prefaciar o livro de Nhô Bento se esse livro é um formigueiro de sugestões mais inextinguível que certos formigueiros de saúva? Quanto mais a gente mexe nele, mais saúvas saem – e como botar todas dentro dum pobre prefácio de uma dúzia de páginas?

Não, meu caro Nhô Bento. Prometi um prefácio para seu

livro, não nego, mas é que não o havia lido ainda. Agora que o li, roo a corda. E não porque um prefácio decente teria que sair do tamanho dum dicionário. O melhor, em vez de prefácio, é dizer uma coisa só ao leitor: – Amigo, leia Nhô Bento e aprenda; fique sabendo que poesia da verdadeira é isso. O resto que anda por aí é "intelectualismo versificado", lindo às vezes, mas com muito pouca verdadeira poesia dentro – e poesia local, original, inédita, nenhuma – salvo nos livros de Catulo. Leia o "Rosário de capiá", se quer tomar um banho de imersão em poesia pura e travar relações com a língua do jeca – muito mais interessante e inteligente que esta nossa língua de letrudos.

Prefácio ao *Éramos seis*, da senhora Leandro Dupré*

Artur Neves, o arguto *gauleiter* do Departamento Mental da Companhia Editora, disse-me, no último dia em que me plantei diante de sua mesa para o "Que há de novo?" de todas as semanas:

– Estou querendo que o senhor leia este segundo livro da senhora Dupré – e com o beiço indicou um maço de provas que estava folheando. – Vou mandá-lo para sua casa.

– Que é?

– Um romance, mas um romance feito de maneira tão especial e diferente dos outros que a gente fica sem saber o que pensar. Eu o acho ótimo. O primeiro livro que ela publicou foi uma surpresa para todos, mas este me parece melhor. Eu queria que o senhor o lesse ainda em provas...

– Artur, Artur, você bem sabe que só consigo ler o que me agrada tremendamente. Como me acha capaz de ingerir essa maçaroca de provas toda borrada de emendas e, ainda mais, livro de mulher? Mulher é só para... fazer doces.

– Tente ler. Experimente.

– Impossível, Artur. Não tenho tempo, nem gosto, nem vontade, nem interesse, nem ânimo de ler outra coisa que não seja telegramas de Moscou. Não, não e não. E, além do mais, ando cansado de *traduzir*...

Artur fez cara de quem não entende.

* *Prefácio de 1943. Nota da edição de 2009.*

– Sim. A nossa grande gente nacional escreve dum modo tão requintado, tão sublimado, tão empoleirado, que ler a maioria das coisas existentes se torna um perfeito traduzir – e isso cansa. Olhe – aqui está a reprodução dum artigo de Coelho Neto sobre José do Patrocínio. Eu derrubo este seu lápis vermelho em cima e juro que a ponta marca uma frase que tem de ser "lida traduzidamente".

E fiz a prova. Pinguei o lápis em cima do artigo. A ponta marcou isto: "*Pela estrada desciam récuas em chouto, sacolejando ceirões e cofos*".

– Bem. O artigo trata da última visita que Coelho Neto fez a Patrocínio, já quase moribundo lá numa casinha de Piedade, subúrbio do Rio de Janeiro. Ora, quem conhece este país, e o Rio, e os subúrbios do Rio, sabe que por cá não existem "récuas", nem "choutos", nem "ceirões", nem "cofos". Tudo isso são velhas tintas lusitanas que Neto usava para pintar paisagens daqui. O leitor, portanto, terá que verter tais tintas para as equivalentes nacionais – mas só o fará se for culto e bem-dotado de paciência. Em caso contrário, repele o autor, dizendo "Outro ofício!". Mas traduzindo em língua comum a tremenda complicação acima, o que obtemos é muito simples: "*Pela estrada desciam burros de carga no trote, sacudindo jacas*". Como você está vendo, o trabalho é duplo; é um trabalho de leitura simultaneamente articulado com tradução mental. Consequência: quando um leitor incauto pega num desses livros, antes de chegar à terceira página já está batendo na testa e dizendo: "Oh, diabo! Não é que me esqueci do...". Não diz do que nem é preciso. Guarda o romance para mais tarde – para o sobrecarregadíssimo dia de São Nunca.

– O senhor está exagerando – interveio o outro Neto, o Manuel Neto, que é assistente do *gauleiter* Artur na editora e tem mesa ao lado. – Só por coincidência o lápis poderia ter caído numa frase como essa. Isso é o mesmo que acertar na centena.

– Façamos segunda experiência – disse eu e pinguei de novo o lápis sobre o mesmo artigo. A ponta vermelha assinalou isto: "Deixando o trem, meti-me por uma estrada cheia de sulcos de carros e *covas que eram atascais*. A um lado, alta, escalavrada, a *barranca sanguínea eriçada de mato*, com cercas de *espinhais em flor* defendendo pomares; em frente, *casario roceiro*, com *alpendrada e poiais, argolões em esteios, mastros com bandeirolas*".

– Veja, seu Manuel, quanta coisa há neste período que exige tradução. Estradas com covas, não sei o que sejam. Covas só temos no cemitério ou feitas em horta para a plantação de mudas. Nossas estradas têm apenas buracos. E não há buracos de estrada com *atascais dentro*. Elas têm nos buracos apenas lama, ou tijuco, ou barro. Também não temos à beira das estradas "pomares" – temos quintais com umas tantas laranjeiras cobertas de erva-de-passarinho, umas bananeiras, umas goiabeiras e um pé de mamão. Isso não dá "pomar" – dá apenas um simples quintal com árvores, coisa muito diferente. E esta cerca de "espinhais em flor"? Temos cercas vivas de pinhão-do-paraguai, e mesmo de espinheiros. De "espinhais", nunca vi. E este "em flor" é uma eterna superfetação – como os "seios túrgidos" nos romances de Veiga Miranda. Para Coelho Neto tudo era "em flor" – a "balsamina em flor", a "boca em flor". Para Veiga Miranda tudo eram "seios túrgidos". A gente tem que ir traduzindo os dois – tirando aquelas flores e pendurando aqueles seios, para visualizar a realidade descrita. E a "barranca sanguínea"? Não há disso! Nossas estradas só têm barranco vermelho. Também não há mato "eriçado" – o que eriça é espinho de ouriço e outras coisas duras e pontiagudas – mato não é duro nem pontudo. E esse "casario roceiro com alpendradas"? Não temos nada disso. Um subúrbio do Rio ainda não é bem roça, e nenhuma daquelas casinhas tem alpendrada – terão quando muito uma pequena varanda. Os tais "argolões em esteios" a gente só os vê nos currais, para amarrar burro bravo. E os tais "poiais", raros leitores saberão que coisa é. Temos de traduzir para bancos toscos. E esse "mastro com bandeirolas"? Haverá por lá mastros de São João, os quais não usam bandeirolas, e sim "bandeira de santo". Bandeirola é uma pequena bandeira solta ao vento; "bandeira de santo" é um rígido quadro de sarrafo com o retrato dum santo fogueteiro, São João, Santo Antônio ou São Pedro, estampado em morim e ali pregado com tachinhas. Não há no Brasil inteiro um só mastro com bandeirola. Está vendo, Manuel, quantas traduções neste segundo período indicado pelo lápis?... Quer mais umas pingadas?

Manuel teve medo e desistiu de terceira experiência.

– Pois muito bem – prossegui, triunfante. – O estilo indígena é quase sempre isso, e cada vez mais isso.

– E qual a sua opinião sobre o romance nacional? – quis saber o *gauleiter*.

– O romance no Brasil, meu caro Artur, é uma coisa que começou certa mas se perverteu muito cedo. Começou otimamente com as *Memórias dum sargento de milícias*, de Manuel de Almeida. Ele o escreveu muito moço e nem sequer o concluiu. O famoso romance não passa dum pedaço de romance. Parece que lá pelo meio Manuel de Almeida viu que não valia a pena acabar aquilo, por falta de público, ou porque se casou e a mulher implicou-se. Mas apesar disso ficou célebre em nossa literatura e já teve inúmeras edições. É dos tais que o leitor pega e vai até o fim. Por quê? Porque não exige tradução. Já está traduzido. É um livro cheio de incorreções, com pronomes indecentemente colocados – mas *certo*.

– Como certo, se é incorreto?

– Certo, porque agrada a ponto de ser eternamente lido. Todos os anos aparecem edições novas do pedaço de livro de Manuel de Almeida. Ainda agora o Martins fez uma. Até eu já editei as *Memórias*. Mas Manuel de Almeida com o seu romance certo não fez escola. Os romancistas que vieram depois mudaram de rumo. Veio, por exemplo, José de Alencar, com um viveiro de araras e graúnas e índios e até uma "virgem morena de lábios de mel", que temos de traduzir para "índia cor de cuia, com beiço úmido de saliva". Não há mel em lábios de ninguém, como não há linguiça em focinho de cachorro. A fisiologia manda que a língua lamba imediatamente esse mel e o cachorro coma essa linguiça. Mas Alencar tinha muito talento e era de fácil tradução. Ficou. Será sempre lido.

– E Macedo?

– Esse veio antes de Alencar e escreveu *A moreninha*. Ah, *A moreninha*! Li esse romance no colégio, escondido – e achei-o a coisa mais linda do mundo. Meu entusiasmo foi tanto que fiz todos os meus companheiros o lerem. Tivemos a nossa "Semana da Moreninha" no Instituto de Ciências e Letras, com seu Bernardes como vigilante no grande salão de estudo. Aquele austero moço já andava premeditando a presidência da República.

– Mas então julga *A moreninha* coisa boa assim?

– Não sei. Depois de adulto tentei lê-lo e não consegui. Pareceu-me um purgante. É que naquele tempo estávamos na idade. Há a idade do sarampo, das espinhas inexplicáveis, do primeiro amor, do começo do sexo. *A moreninha* não é literatura – é remédio...

– E os outros romancistas?

– Temo-los em quantidade. Temos um hoje excelente lá no sul. E tivemos o maravilhoso Machado de Assis, ponto culminante da nossa orografia literária e de grande circulação depois que se fez efígie de moeda. Mas de Machado de Assis nem gosto de falar porque para mim virou santo, virou Himalaia, tabu. É qualquer coisa à parte e única em todas as literaturas. Deixemo-lo no Olimpo, sozinho. Falemos dos outros, de tantos e tantos outros que levaram o estilo à maior perfeição e com isso acabaram errados.

– Não estou entendendo.

– Quem prova demais prova contra, diz um brocardo jurídico. O excesso de perfeição estilística faz na literatura o mesmo que as modernas máquinas de beneficiar arroz fazem para esse grão. Essas máquinas deixam o arroz uma beleza, de tão branco e polido. Transformam-no em bastõezinhos de nácar – mas quem se alimenta só com eles acaba com beribéri.

– Lá vem...

– Isto é dum livro que ando traduzindo, *Magic in a bottle*, ou a história das grandes drogas. Os holandeses de Java, onde a base da alimentação era o arroz, começaram a levar a breca. O terrível beri béri os dizimava. Por mais cuidado que tivessem com a alimentação, a ponto de só comerem arroz da mais alta qualidade, isto é, do branquíssimo e polidíssimo, o beri béri os arrasava. Já os pobres nativos, comedores dum arroz infame, do qual nem tiravam a película vermelha, esses não sabiam o que fosse tal doença. Um dia um sábio de lá descobriu que justamente naquela feia película estava o segredo de tudo: a vitamina C, mais tarde isolada dessa película, era não só o preventivo do beribéri como o específico para a cura dos beri béricos. Os holandeses de Java estavam sendo vítimas da "perfeição alimentar"...

– Acha então que a perfeição da forma levada ao absoluto é erro?

– Não é erro; ao contrário, é o supremo acerto, mas dá beribéri. Porque é alimento sem vitaminas. Parece que nisso de língua andamos erradíssimos. Há duas línguas, a falada e a escrita. A falada é que é a grande coisa, pois que é o meio de comunicação entre todas as criaturas humanas, afora as mudas. A língua escrita veio depois, e é coisa restritíssima. Todas as criaturas humanas jogam com a língua falada, e quantas com a escrita? Uma porcentagem insignificante. Isso faz que a língua falada resida permanentemente no apogeu da expressão e do pitoresco, ao passo que a escrita se atrase a ponto de ficar uma coisa exigidora de tradução. É muito fácil a prova disto. Mande o Manuel ler qualquer coisa. Ele lê o que está escrito e depois, inconscientemente, diz: "Isto quer dizer que..." e explica em língua falada o que o escritor teve intenção de dizer. Traduz, portanto.

– Então a grande coisa do escritor é escrever como fala?

– Ah, se fosse possível! A arte da língua escrita é a tal "Inânia verba" do Bilac, mas quanto mais um escritor escreve como fala, mais é lido e gostado. Ah, que maravilha os que escrevem com todas as vitaminas da língua que falam! Como é saudável e gostoso! Escrever com os "Ma que!" dos italianos, com os "Que vá!" dos espanhóis, com pontapés na gramática sempre que ela se aproxima, escrever com caretas e gestos e até com perdigotos! Tudo isso são as películas do arroz literário, nas quais residem as vitaminas. E que faz o escritor de alto coturno? Olha com o maior desprezo para tais películas e as sacode do seu estilo como se fossem caspas...

Manuel Neto riu-se com alguma incredulidade.

– A correção da língua é um artificialismo – continuei episcopalmente. – O natural é a incorreção. Note que a gramática só se atreve a meter o bico quando escrevemos. Quando falamos, afasta-se para longe, de orelhas murchas. Na linguagem falada, a não ser na boca dum certo sujeito que conheço, o verbo concorda ou não com o sujeito – à vontade (e repetir a frase para restaurar uma concordância é pedantismo). Os pronomes arrumam-se como podem – antes ou depois, embaixo ou em cima, e muitas vezes nem entram na frase –, são pequenininhos e as palavras grandes não os deixam entrar. Em oposição a essa língua fresquíssima, tão pitoresca, toda improvisações e desleixos, com todas as cores do arco-íris, todos os cheiros e todos os sabores, temos a língua escrita, emperrada, pedante, cheia de "cofos" e "choutos". Ah, se toda gente escrevesse como fala, a literatura seria uma coisa gostosa como um curau que comi domingo no Tremembé. Esse Manuel de Almeida foi dos pouquíssimos entre nós que escrevia como falava...

– Pois a senhora Dupré é assim – disse Artur, radiante. – Talvez esteja nisso o segredo da sua atração.

– Segredo, segredo... Creio que o grande segredo é esse, ou 70% esse. A enorme maioria dos nossos escritores não são lidos porque ou escrevem como Coelho Neto ou, se procuram ser humanos, não sabem evitar a vulgaridade. As duas grandes desgraças da literatura são essas: o artificialismo e a vulgaridade.

Quando nesse dia voltei para casa lá encontrei um pacote da editora e uma cartinha do Artur.

Doutor Lobato:

Aí vão as provas do livro da senhora Leandro Dupré, a futura Rachel Field destas bandas da América. Estou certo de que o senhor gostará do livro, desde que o encare do ponto de vista do leitor de romance, dessa espécie de leitor que paga 15 cruzeiros para ficar por duas ou três horas livre da filosofia do Spengler, da literatura científica do Huxley, dos comunicados de Berlim, dos artigos de X... sobre o imperador Tito, cognominado "Delícias do gênero humano". A autora, livre daquele pronomismo crônico que acabou matando o Aldrovando Cantagalo e livre também do virgulismo e do feroz acentismo dos nossos revisores, consegue prender, interessar, emocionar e agradar o leitor do princípio ao fim. Se não fosse o horror ao plágio, eu diria da autora de Éramos seis *o mesmo que o senhor disse do Camilo Castelo Branco, numa carta dirigida àquele homem que queimou a padaria para se transformar em escritor. Escreva um prefacinho para o* Éramos seis, *e não se arrependerá. O senhor já lançou no Brasil a semente da indústria editora, já descobriu a riqueza do nosso subsolo quando todos a negavam, já inventou a nossa literatura infantil, já criou o Jeca Tatu e mais coisas. Junte a esses descobrimentos mais um – o da maior romancista do Brasil – e aguarde serenamente a estátua ou a cruz que espera todos os pioneiros.*

ÚLTIMA HORA:

Eu já havia escrito esta carta quando o senhor esteve aqui e conversamos sobre o assunto. Creio que esta senhora escreve exatamente como o senhor deseja.

"Bom", murmurei comigo. "Este Artur tem paladar e dedo. Se insiste assim, quem sabe?" E botei o pacote em cima do criado-mudo.

Gosto muito de ler ao deitar-me, porque é meio infalível de chamar o sono – mas se por acaso a leitura é muito vitaminada, fico alertado e passo a noite lendo. Na noite daquele dia eu tinha várias coisas a provar antes de dormir. Entre elas um romance que vai ser editado e é uma ilha de Calipso de tanta perfeição. Comecei por ele. Que mimo! Sem uma "jaça". Estilo o que há de "terso"! Pronomes mais bem colocados que os amigos íntimos do governo. Todos os "matadores" da elegância literária e do academicismo! Nenhum período com a fralda de fora. Tudo batatal, ali no *smoking*, na luva de pelica, no monóculo. Se por acaso sobrevinha alguma expressão levemente plebeia, o Petrônio tirava o corpo com um clássico entre aspas: "como diz o povo". Arroz branco, em suma, polido, nacarino, do que arrasava de beribéri os holandeses de Java. Para não ficar beribérico, parei na sétima página. Mas já estava com sono, de modo que foi a bocejar que tomei o *Éramos seis* da senhora Leandro Dupré.

Comecei a ler, certo de que não chegaria nem à setima, que é sempre a página crítica. Mas passei pela página 7 sem dar por isso – e fui indo, indo, e esqueci do sono e do mundo; e quando dei acordo de mim era madrugada – as vassouras mecânicas do senhor Prestes Maia estavam "matracolejando" na minha rua.

Apaguei a luz e pus-me a pensar. Por que tal romance me prendera daquele modo? Não era de entrecho dramático, nem dos que nos seguram pelo rabo da curiosidade. Uma história o que há de simples, duma pobre mulher da classe média que depois de perder o marido e os filhos ficou sozinha no mundo e recorda a sua vida de devotamento e sacrifícios. "Éramos seis e hoje estou sozinha". Espécie de *Une vie*, de Maupassant – mas que encanto de livro! Que riqueza de vitaminas! Não chega a ser um romance. É um borrão, um croqui, um esboço de romance, feito ao galope da inspiração, para depois ser aperfeiçoado, descascado, despeliculado, repolido até ficar nacarino e beribérico, mas a autora, em vez disso, mandou-o ao prelo tal qual lhe saiu. Não teve paciência para estragá-lo, nem deixou que nenhum abelhudo o estragasse. Quem fala no livro inteiro é a protagonista, a viúva, e essa boa mulher pensa e fala exatamente como todas as mulheres do seu tipo e de sua classe entre nós. Fala e pensa e age como milhões de nossas mulheres – as ignoradas heroínas do trabalho caseiro e da criação de filhos. E como fala uma criatura assim? Exatamente como a autora a faz falar.

A gramática por um lado e a viúva por outro. Caso não queiram, os verbos podem perfeitamente não concordar com os sujeitos. A pontuação é como sai – as vírgulas podem ficar uns milímetros para lá ou para cá do lugar certo. Em muitas frases interrogativas o ponto de interrogação não aparece, está sabiamente subentendido. E os tais vícios de linguagem abundam – ecos, repetições, todos eles –, todas as películas de arroz que a gramática condena mas que, artisticamente usadas, dão as vitaminas do estilo. Às vezes aparece uma palavra grifada, como *libré*. Por quê? À toa. Capricho. A crase é um jogo. Às vezes calha. O acento é um enfeite de certas palavras em certo momento; numa frase mais triste a mesma palavra aparece sem enfeite nenhum.

A autora não se limita a fazer a heroína pensar e falar como falam as viúvas em sua situação. Também escreve como escreveria uma tal viúva. Não há preocupação de nada senão do assunto. Ela solta a frase no rasto do assunto e a frase vai caminhando como cachorro perdigueiro atrás da perdiz da vida – "amarrando-a" sempre. E consegue o milagre: tudo fica vida, só vida, em seu extraordinário romance!

Absolutamente vida! Não há ali nem sombra dum "chouto" ou dum "cofo" ou dum "ceirão". E nem "lábio de mel", nem "seio túrgido", nem "barranca sanguínea", nem "poia!" – nem nada literário. E a gente fica a pensar numa coisa tremenda: se a "literatura" não é a grande desgraça da literatura!...

No dia seguinte telefonei cedo para o Artur: "Olhe, você tinha razão. A mulher saiu-me uma Margaret Mitchell das boas! Se não virar o maior *best-seller* destas plagas, macacos nos lambam, a mim e a você".

Através do telefone percebi a radiância do Artur. "Eu não disse?" O caso impressionou-me seriamente. Minha profissão na vida tem sido, depois de fazer asneiras, escrever ou ler o que os outros escrevem. Devo, portanto, entender um bocadinho do assunto. Mas o caso da senhora Dupré me desnorteou. Mostrou que eu não entendo do assunto na medida que julgava. Ela é um caso aberrante (a-berrante, que aberra, que sai do trilho). Ela infringe todos os mandamentos da Arte de Bem Escrever dos Albalats. Não recorre a nenhum dos ingredientes de uso entre os espertos para conseguir legibilidade, nenhum dos méis de apanhar moscas como os enredos alucinantes, as situações policialmente engenhosas, a *sex gratification*. E sem nenhuma dessas pimentas consegue ser lida até por um dispéptico da minha marca, farto, arquissaturado de letras e de livros, de gentes e do mundo! E do mesmo modo como um tipo assim a lê avidamente numa noite, também a lerá com a mesma fúria a menina na idade do namoro, e a moça que já se desiludiu dos homens, e a dona de casa que "tem muito que fazer". E todo mundo. Até os críticos literários a lerão – essa gente que de tanto dissertar sobre livros perde o paladar e para saber se um livro é bom ou mau tira a sorte, cara ou coroa. Duvido que haja quem agarre em livro assim e não vá num arranco até a derradeira página.

Refletindo melhor, vi que a razão do valor da nova romancista está numa convergência de valores verdadeiros (porque há os valores falsos, filhos do artificialismo). Em primeiro lugar, é evidente nesta escritora o "talento", sem o qual não existe coisa nenhuma possível no mundo da arte. E há mais umas pitadinhas de gênio, aqui e ali. E em consequência desses dois "hás" surgem, volta e meia, uns cristaizinhos de humor – o mais precioso dos alcaloides! E há um intenso realismo e sem realismo a coisa hoje não vai; quem engole hoje uma virgem de lábios de mel? E há filosofia, e há muita observação; e há muita psicologia, e há construção, e arquitetura com fino senso de proporção das partes. E o seu estilo a-gramatical substitui todas as rígidas e cadaverosas gramaticalidades clássicas por ligeiros *close-ups* da cor, do sabor e dos cheiros ambientes, pegados ainda vivinhos. E há uma fluência de água, e há todas as películas de todos os arrozes – o que resulta numa pletora de vitaminas. Em suma, vida, vida e mais vida, porém vida de verdade e não vida empalhada como aquelas aves do Museu do Ipiranga que o doutor Taunay teve a feliz ideia de consumir.

Não pretendo analisar o *Éramos seis* da senhora Dupré porque implicaria um trabalho a Von Liebig ou Emil Fischer feito num grande laboratório (vide *Magic in a bottle*). O que tenho a confessar é apenas isto: "Numa noite o romance dessa mulher me ensinou mais literatura do que em anos a aprendi com os carranças e petrônios que quase me deixaram beribérico".

E a conclusão a que cheguei aqui a deixo para meditação do Edgar Cavalheiro e outros críticos. "Parece que o segredo de *escrever e ser lido* está em duas coisas – ter talento de verdade e escrever com a maior aproximação possível da língua falada, sem perder, portanto, nenhum dos farelinhos ou sujeirinhas da vida, pois é aí que se escondem as vitaminas produtoras do misterioso e perturbador 'quê' das verdadeiras obras d'arte."

Prefácio de *A luta pelo petróleo*, de Essad Bey[*]

A pobreza, a lentidão do desenvolvimento do Brasil sempre me preocuparam vivamente. Refleti comigo durante anos, com a sensação de que as causas geralmente apontadas para explicar o fenômeno eram causas secundárias; e que antes de apreendermos a causa primária, a causa das causas, nada poderia ser feito para mudar a situação.

O problema focalizara-se em meu espírito sob uma forma simplista: Por que, dos dois maiores países da América, descobertos no mesmo ciclo, povoados com os mesmos elementos (europeu, índio e negro), libertados politicamente quase na mesma época, com territórios equivalentes, um se tornou o mais rico e poderoso do mundo e o outro permanece encruado?

A atenta observação do fenômeno americano deu-me a resposta clara: *porque nos Estados Unidos o homem adquiriu elevada eficiência e no Brasil a eficiência do homem está pouco acima da do homem natural.*

A eficiência do homem natural, que só dispõe dos seus músculos, é mínima. Ele pode o que seus músculos podem. Começa a crescer em eficiência à medida que se vai equipando de *instrumentos* multiplicadores da força dos músculos. Com o arco arroja um projétil a distância muito maior do que com os músculos arremessaria uma pedra. Com o machado de sílex corta a árvore que jamais poderia abater a pulso nu.

[*] *Prefácio de 1935. Nota da edição de 2009.*

Os instrumentos multiplicadores da eficiência do homem vão crescendo em complicação até se transformarem no que chamamos máquina. A máquina número 1, a máquina *mater*, surgiu com a alavanca – uma barra não flexível que, firmada num ponto de apoio, nos permite levantar pesos. Não foi invenção humana. O homem encontrou na terra a alavanca – um pedaço de pau. Apenas descobriu o meio de utilizá-la. Mas a roda foi invenção humana. Da combinação da alavanca e da roda surgiu o veículo – a máquina de transportar, e foram vindo todas as mais máquinas existentes no mundo. Que é máquina? *Um meio engenhoso de multiplicar a eficiência do músculo humano.*

Mas a máquina é inerte. Tem que ser movida. Exige uma pressão. O que ela faz é apenas multiplicar essa pressão. E o homem dava pressão à máquina com os seus músculos. Depois concebeu a luminosa ideia de escravizar os músculos de seres menos inteligentes, ou mais fracos, para pô-los a mover a máquina. Daí a domesticação do boi e do cavalo. Mais astucioso, o homem transferia para os músculos desses irmãos a tarefa de puxar os carros e mover as moendas. Outra ideia luminosa surge: escravizar o próprio homem. Roma propulsionava as suas galeras e movia os seus moinhos por meio de prisioneiros de guerra transformados em escravos.

A escravização do boi, do cavalo e do homem permitiu ao mundo um progresso imenso, porque significava a descoberta duma fonte de energia capaz de mover a máquina. E a máquina expandiu-se, e com sua expansão aumentou a eficiência do homem.

A máquina é um sistema rígido, e, pois, a matéria-prima da máquina tinha de ser não a madeira primitivamente usada, mas um material de maior rigidez e durabilidade. Qual? O ferro. O homem aprende a derreter certas rochas que encontra na superfície do solo e a extrair uma coisa chamada ferro. Material maravilhoso, de extrema rigidez e durabilidade – e desde então *a matéria-prima da máquina ficou sendo o ferro*.

A partir daí o astuto bípede começa a dominar o mundo, a arrostar as leis naturais, a levar para um ponto o que a natureza pusera noutro, a rir-se de animalões enormes, como o elefante, e a governar a Terra como propriedade sua. Deu de "civilizar-se", isto é, de sobrepor às leis naturais uma lei nova saída da sua cabeça, e quanto mais aperfeiçoava a máquina, mais aumentava de eficiência e pois mais se "civilizava". Mas o "progresso" (que é como ele chama a velocidade do seu civilizamento) via-se embaraçado pela pobreza da força de que dispunha para mover a máquina. Era preciso descobrir algo indolor e potente que substituísse o músculo – e ocorre afinal o aproveitamento da enorme fonte de energia mecânica que existe na força expansiva do vapor d'água.

Maravilha! Aquela coisa tão simples – água aquecida até transformar-se em vapor – vem libertar o homem do uso exclusivo do músculo como força motora da máquina. Indolor e de potência ilimitada!

O progresso intensifica-se. Num século de energia mecânica aplicada à máquina o homem faz mais progressos do que em todo o passado da humanidade. Sua eficiência cresce dum modo tremendo.

Mas para ferver a água torna-se necessário calor. O calor é produzido pela combustão. Para ter combustão, o meio é conjugar dois elementos de que a natureza é pródiga, o oxigênio e o carbono. Oxigênio existe na atmosfera em quantidades ilimitadas; já o carbono se mostra mais escasso. Numas zonas existe abundante, noutras rareia. E começa então um desequilíbrio de nível no "progresso". As zonas ou os países onde o carbono é abundante permitem que se tenha muita combustão, e pois muito calor, e pois muito vapor d'água, e pois muita energia mecânica, e pois muita máquina em movimento. E o homem que habita essas zonas começa a crescer tanto em progresso que acaba pondo sob seu domínio, como escravos, os seus irmãos de zonas menos carbônicas. Surge a Inglaterra, que amarra a si toda uma fieira de zonas, ou povos. O seu carbono permite-lhe o mais violento surto de eficiência da nossa era.

O mundo passa a dividir-se em países fortes e países fracos. Nos países ricos em carbono, que podem desenvolver enormes quantidades de energia mecânica, o homem aumenta cada vez mais o seu índice de eficiência.

A primeira fonte de carbono utilizada para criar a energia mecânica foi a lenha. Tinha o defeito da produção limitada e cara, além do fraco rendimento calórico, da dificuldade de transporte e outras. Depois surge o carvão, raios de sol que nas eras primitivas ficaram soterrados. E o sol fóssil, vindo de novo à tona, mostrou-se o material ideal para fonte de energia mecânica. Fez-se o pai do progresso moderno. Mas esse progresso ficava privilégio dos países dotados de grandes reservas de carvão – Inglaterra, Estados Unidos, França, Alemanha. Tais países tornaram-se os mais ricos e poderosos, os astros de primeira grandeza num mundo de satélites, porque a soma de energia mecânica que podiam desenvolver com a queima do carvão viera aumentar tremendamente a eficiência do homem politicamente chamado inglês, americano, francês, alemão.

O mais rico em carbono fóssil, a Inglaterra, apesar duma simples ilha, domina o mundo. Invade todos os continentes, pega a Austrália, as Índias, a melhor parte da África e quantas terras lhe convém; quatrocentos milhões de homens de todas as cores submetem-se ao punhado de ilhéus que tinham ilimitadas quantidades de carvão para queimar.

Mas um dia o coronel Drake fura a terra na Pensilvânia e faz jorrar um líquido negro chamado petróleo. O mundo vai mudar. O equilíbrio de forças não será mais regulado pelas quantidades de carvão existentes no subsolo dum país – e sim pela quantidade de petróleo de que esse país dispuser. O petróleo iria revelar-se a mais alta forma de carbono industrial, a de maior rendimento térmico, a de mais fácil transporte – e a mais barata, porque, uma vez aberta, a fonte vinha à tona por si mesma, sem necessidade de mineração. Tudo muda. Os países de petróleo sobem ao poder.

Surgem na arena os Estados Unidos, projeção inglesa na América. De simples colônia, passa esse país, em pouco mais de um século, ao primeiro lugar no mundo como o mais rico, o mais poderoso e por fim o credor universal. Por quê? Porque graças à produção intensa da matéria-prima da máquina – o ferro – e da produção intensa da matéria-prima da energia mecânica – o petróleo – conseguiu elevar o índice de eficiência de seu homem a 42 – isto é, cada americano passou a "poder" tanto, a produzir tanto quanto 42 "homens naturais" (os que só podem o que os seus músculos podem, como o selvagem). Distanciou o europeu em 31 pontos. O índice de eficiência do europeu em 1929 era igual a 13.

Enquanto esse milagre se operava ao norte do continente, um país ao sul, de igual extensão territorial e povoado com os mesmos tipos de elementos humanos, europeu, negro e índio, permanecia em profundo estado de dormência. Um pântano com quarenta milhões de rãs coaxantes, uma a botar a culpa na outra do mal-estar que todas sentiam. Procuram soluções políticas, mudam a forma de governo, derrubam um imperador vitalício para experimentar imperantes quadrienais; fazem revoluções, entrematam-se, insultam-se, acusam-se de mil crimes, inventam que o pântano permanece pântano "porque há uma crise moral crônica". O mal das rãs é julgar que sons resolvem problemas econômicos. Trocam o som "monarquia" pelo som "república". Depois inventam sons inéditos – "reajustamento", "congelados", "integralismo". O próprio das rãs é esse excessivo pendor musical. Querem sonoridades apenas. "Somos o maior país do mundo." "Temos o maior rio do mundo." "Nossas riquezas são inesgotáveis" etc. Enchem o ar com essas músicas e mandam o ministro da Fazenda, de chapéu na mão, pedinchar dinheiro em Nova York...

Carta-prefácio de Monteiro Lobato para o livro de Paulo Pinto de Carvalho: *Aspectos de nossa economia rural*

São Paulo, 9/7/1943

Prezado senhor Paulo Pinto de Carvalho.

Recebi sua carta e os *Aspectos de nossa economia rural* – e nunca vi tantas verdades, tanto pragmatismo, tanta visualização exata das realidades, concentradas em tão poucas páginas. O seu pequeno livrinho vale uma biblioteca. E se esses homens incomensuravelmente ineptos que nos governam por delegação própria enxergassem um milímetro adiante do nariz, o senhor seria convidado para um cargo inédito: o órgão pensante do governo. O órgão que pensasse com o cérebro, porque cada vez mais me convenço de que eles pensam com o rabo.

O Brasil é uma pobre coisa enorme, inerme e condenada a um triste destino porque somos muito pobres de inteligência. Essa pobreza determina a outra, a material. Tão ininteligentes que nem o fato de dispormos dum dos maiores territórios unificados do mundo nos dá mais que os magros territórios da Dinamarca, da Suíça, da Holanda, da Suécia dão a esses pequenos países europeus. Sentados em cima de gigantescas riquezas potenciais, somos um país de pé no chão, miseravelmente vestido, miseravelmente alimentado e miseravelmente governado – e hoje destituído até desse oxigênio político dos povos, que é a liberdade de manifestação de pensamento. E a política dos que nos governam à força é a do avestruz diante do perigo: esconder a cabeça. A atual supressão da imprensa livre e a proibição do livre debate dos nossos defeitos e mazelas, articulada com a pomada cor-de-rosa das insistentes, renitentes e imbecilizantes "horas nacionais" sob todas as suas sórdidas modalidades, está precipitando esta pobre massa de gente doentia e estúpida na senda dum novo Oriente Médio. Somos cada vez mais a maior vergonha do mundo. Caiação oficial por fora, dourados de pechisbeques – e bicheiras roedoras por dentro. E para supremo escárnio, um grande Coordenador coordena em benefício do clã dominante os restos da nossa magra riqueza acumulada.

Fui um grande inquieto dos nossos destinos e pensei demais no Brasil. Mas só durante uma estada de 5 anos nos Estados Unidos é que percebi as verdadeiras causas da nossa miséria – e se eu contasse o que sei, o senhor compreenderia o meu atual desinteresse por tudo. Somos um povo que "não presta". Falhamos – e o nosso estado de escravização política atual é a mais lógica das conclusões.

Muito agradeço as palavras de sua carta, mas não me sobram energia nem vontade para coisa nenhuma. Já não creio nem espero mais nada – estou sem função. O destino me deu como função na vida "manifestar o meu pensamento". Estou "desempregado". Manifestação de pensamento hoje nesta terra, a não ser para a apologia do satrapismo, é atividade proibida.

Seu livro é o mais belo feixe de sugestões e visões "certas" que ainda vi. Num país vivo, bastariam essas 57 páginas para provocar um grande movimento restaurador. Num país morto, são 57 páginas destinadas ao silêncio da "não repercussão" – e se a Censura lesse os originais antes de impressos, tal livro não existiria.

Nada há a fazer. Fechemos também os olhos e deixemos que o processo de decomposição se processe. O Império Romano levou 400 anos a decompor-se. Minha curiosidade é uma só: quantos anos durará a decomposição do Brasil?

Adeus, caro amigo. Creia que seu livro me deixou na mais profunda tristeza. Revela um homem dotado de olhos que sabem ver solto num horrendo *mare magnum* de cegos. Que adianta dizer a uma multidão de cegos: "Há estrelas no céu!" se eles não podem vê-las? E a cegueira nacional é a pior de todas, porque tem como causa a pior das causas – uma estupidez orgânica.

Do seu admirador e amigo
(a) Monteiro Lobato

Prefácio de *Diretrizes para uma política rural e econômica*, de Paulo Pinto de Carvalho*

Li este estudo de Paulo Pinto de Carvalho e mais uma vez me confirmo em minha primeira impressão sobre a sua capacidade escafandrística, isto é, de penetrar no fundo dos nossos problemas para pôr o dedo nas verdadeiras causas. Porque somos um verdadeiro cacho de babaçu de problemas. Que é o Brasil? Um cacho de babaçu de problemas cuja solução não vem nunca porque os nossos prodigiosos solucionadores políticos não são escafandristas, não mergulham fundo – permanecem nadando à tona das causas aparentes. Tudo na vida tem uma causa aparente que não passa de efeito de causa mais obscura. Tomar efeitos por causa é o inveterado vezo da famosa inteligência brasileira.

Vem daí não conseguirmos solucionar problema nenhum e, consequentemente, não sairmos da coisa capenga que somos. E até hoje não se formou a consciência de que sem atinar com as verdadeiras causas não há solucionar de vez problema nenhum.

Estamos em fim de setembro e não chove. Tudo seco e resseco por aí afora. Não há mais pastos e portanto não há mais leite, nem manteiga, nem carne. E a primeira semeadura dos cereais está perdida. Por que não chove em São Paulo? Por que ultimamente se têm atrasado tanto as chuvas e este ano até agora não deram sinal de si? Há diversas razões aparentes, que

* *Prefácio de 1945. Nota da edição de 2009.*

qualquer racionalizador oficial aponta com todo o lampeirismo – e erra. Mas se formos escafandrizando o assunto, veremos que a diminuição das chuvas tem como causa a intensa e extensa derrubada de matas e capoeiras para a produção de lenha e carvão para os gasogênios. É então o gasogênio a causa da falta de chuvas? Não. O gasogênio é um efeito de causa mais remota, como seja o não havermos até agora mobilizado o nosso petróleo. É então a falta de petróleo próprio a causa da seca? Não. O não termos petróleo próprio não é causa última, é ainda um efeito da deficiência da nossa mentalidade oficial. É então a mentalidade oficial a causa da seca? Não. A mentalidade oficial é defeituosa porque a mentalidade geral também o é. E por que é a mentalidade geral defeituosa? O escafandro já está bem no fundo e em zona sagrada – tão sagrada que ninguém se anima a ir além. Quem tocar na verdadeira causa da deficiência da nossa mentalidade geral provoca um levante de indignação e corre até o risco de ser fulminado por feixes de raios vindos de Roma.

A verdadeira situação do Brasil ninguém sabe qual é. Piorou tanto que o remédio foi o da ema: meter a cabeça sob uma das asas e só ouvir o que o rádio diz. Morfina. Sonhos de ópio. A mentira sistematizada e onímoda...

Quem do alto olha para o Brasil vê um complexo sistema de parasitismo em repouso sobre um larguíssimo pedestal de escravos andrajosos e roídos de todas as doenças endêmicas: o homem rural, o que chamamos o caboclo, o negro da roça, os milhões de seres sem voz que na terra mourejam numa agricultura ainda de índio – queimar e plantar, só, só, só. Sobre a miséria infinita desses desgraçados está acocorada a nossa "civilização", isto é, o sistema de parasitismo que come, veste-se, mora e traz a cabeça sob a asa para evitar o conhecimento da realidade.

Roma era um sistema de parasitismo sobre a massa imensa dos escravos feitos na guerra. A palavra "escravo" desapareceu entre nós, mas a coisa ficou. Somos uma civilização ao tipo da romana. A "gente boa" por cima e a "gente pobre" por baixo. A gente industrial e comercial por cima e o escravo que extrai produtos da terra por baixo – os produtos que irão dar lucro ao comércio e à indústria. Que recebia o escravo romano pelo seu trabalho doloroso? A estrita subsistência que lhes conservava mal e mal a vida. Que recebe o nosso homem da terra senão a estritíssima subsistência com que vai retardando a morte à fome?

E isto se dá num território imenso, numa era em que a minúscula Suíça se basta a si própria e é feliz. Cada setenta suíços dispõem de apenas um quilômetro quadrado de território – e engordam. Cada seis brasileiros dispõem de todo um quilômetro quadrado de território – e não temos manteiga, não temos leite, não temos carne, não temos carvão – até os gasogênios já começam a ser racionados. Só temos uma coisa: mentiras... E os milhões de seres que formam o "nosso" pedestal, isto é, o pedestal da "gente de cima", a única que conta nesta terra, esses não têm coisa nenhuma, nem roupa, nem sapatos, nem casa decente – e agora nem o direito de possuir a sua moendinha de cana para adoçar um café com a garapa...

– Mas que é que você aconselha, homem que vive a falar mal de tudo?

– Não aconselho coisa nenhuma, porque já não acredito em nada. Mas digo uma coisa: sem o levantamento topográfico feito por engenheiros, impossível a planificação de que já tanto se fala. Como planejar, como fez a Rússia e está fazendo a Inglaterra, sem o conhecimento do que na realidade somos? Formou-se na consciência geral dos de cima uma ideia erradíssima do que é o Brasil, e é sobre essa ideia que querem planejar. Absurdo. Advirão planos ainda mais desastrosos que o que intentou salvar a lavoura do café – e praticamente a matou com os seus DNC e mais drogas. Sem o conhecimento rigoroso da topografia dum terreno, engenheiro nenhum traça uma planta certa. Para o planejamento que entrou para a berlinda, temos preliminarmente de realizar o levantamento sociológico do Brasil – se é que pretendemos sobreviver como povo independente.

Minha simpatia por Paulo Pinto de Carvalho vem disso: ele sente a necessidade do levantamento sociológico e tenta a sua realização. Estuda o que está no fundo, em vez de comodamente ater-se à mentira oficial superficial. Seus livros são um esforço comovente para alcançar o fundo, dentro do escafandro que usa. E nesse esforço nós sentimos que ele chega a pôr o dedo em causas verdadeiras, não em meros efeitos com aparência de causas. Mas acho-o tímido. Fala muito delicadamente a um povo que só tem ouvidos para estrondos de bomba voadora. O emperramento da mentalidade geral e a insolência da mentalidade oficial só poderão ser desagregados com bombardeios aéreos. Está tudo muito encrostado.

Certa vez em que numa roda discutíamos a miseérrima situação social de três quartos da população deste país, ouvi de um dos de cima, que enriquecera à custa da miséria de seus caboclos da roça e de seus operários da cidade, esta frase que diz tudo:

– "Está tudo muito bem. Enquanto eles não protestarem e reagirem, por que nós, de cima, havemos de nos incomodar?"

Estamos hoje a 26 de setembro e não há no céu o menor sinal de chuva. Os gasogênios passam nas ruas – esses agentes retardadores da chuva. A seca outrora desconhecida de São Paulo começa a mostrar o que é. Irá se acentuando, porque o petróleo não sai e o gasogênio continuará. Mais e mais matas irão sendo abatidas para que haja o mínimo de transporte de que dispomos. As secas se amiudarão, cada vez mais prolongadas. A vestimenta vegetal da terra irá se reduzindo, como se reduziu no Nordeste. E um dia teremos nestas plagas sul-americanas o mais belo produto da brasilidade: um novo deserto de Gobi, criado pela imprevidência e estupidez dos homens. E então o governo, que em vez de nos deixar extrair o petróleo preconizou e fomentou o gasogênio, virá com mais uma das suas luminosas ideias: a introdução dos camelos e dromedários – os "navios do deserto". O Gir já estará esquecido, porque em matéria de boi só teremos no trono, então, um truculento Khan vitalício e onipotente. A salvação será o camelo, e para certas zonas montanhosas talvez a lhama do Peru. E veremos nos jornais grandes reportagens sobre a nova raça, recém-introduzida, dum camelo que só se alimenta de pedras; e na feira de alguma futura Uberaba camelídia um bamba qualquer arrematará em leilão o camelo "Pamir" por 3 mil contos. E toda gente sonhará com um bezerrinho Pamir, para melhorar a qualidade de seus rebanhos. "Que raça maravilhosa!", dirão com enlevo. "Almoça paralelepípedos e janta o arame farpado das cercas..."

E o "homem de baixo", transformado em calmuco, já terá aprendido a alimentar-se com os moirões das cercas e puxará pelo cabresto os paxás, a "gente de cima" repimpada nos camelos das caravanas.

Antigamente andou em moda na imprensa um *slogan*: "Olhemos para o México!". Não adiantou coisa nenhuma. O México tirou petróleo e salvou-se, e nós não. Creio que já é tempo de lançarmos outro *slogan*: "Olhemos para o Gobi!". O estudo antecipado daquele deserto é bem possível que nos ajude muito um dia...

....

E no entanto há remédios!... Basta que saiamos do caminho da mentira cor-de-rosa e tenhamos a bela coragem de encarar de frente as realidades. Até aqui toda a nossa política tem sido dar combate a meros efeitos, deixando as causas em paz – e nem sequer atinamos com as verdadeiras causas desses desastrosos efeitos. Mas se mudássemos de atitude? Se em vez de imbecilmente persistirmos no ataque a efeitos, indagássemos das causas profundas e as removêssemos?

Evidentemente, nesse caso tudo se mudaria. Paulo Pinto de Carvalho, com a maior lucidez, aponta a causa dos nossos males e nos concita a fazer o que devemos fazer: defender o grande patrimônio comum da fertilidade da terra, reconhecer o primado da agricultura, criar o crédito agrícola como o fez a Argentina, sermos nós mesmos os distribuidores dos nossos produtos, como faz o americano.

Por que não enriquecemos? Porque o estrangeiro paga pelos nossos produtos o que quer pagar, já que é ele quem os distribui. Quando queremos um produto americano, como a gasolina, perguntamos ao distribuidor localizado aqui: "Por quanto nos vende um tambor de gasolina?", e ele dá o seu preço. Mas quando vamos vender um produto nacional, a nossa pergunta é outra: "Quanto vocês nos oferecem por uma saca de café?", e o comprador estrangeiro nos impõe o preço que lhe convém, seja ou não ruinoso para a nossa lavoura cafeeira. Isso porque organizamos a nossa produção de café, mas deixamos que a segunda parte, a distribuição comercial do café, fosse organizada pelos interessados estrangeiros.

Tudo errado, visceral e ineptamente errado – e por isso não acumulamos capital e somos uma triste penúria subespécie nação. E como nem sequer pagamos os juros das dívidas, vamos, com o decorrer do tempo, nos endividando cada vez mais. Somos um país de empobrecimento progressivo. Um país que vive do consumo do seu patrimônio: a fertilidade do solo; e que, portanto, caminha para o irremediável desastre das populações acampadas na aridez, como os beduínos ou tibetanos...

Diretrizes para uma política rural e econômica é um grito de alarme. É um punhado de sementes que o autor joga ao acaso, na esperança de que germinem nalgum cérebro diretor. Sementes de quê? Da salvação nacional. Germinadas que sejam, estaremos salvos. Em caso reverso – viva o camelo!

Prefácio de *Nos bastidores da literatura*, de Nelson Palma Travassos*

Neste livro Nelson Travassos confessa-se um humilde tipógrafo que se meteu a sebo. Humílimo, coitadinho. E trabalhando num "escuro barracão onde não penetra a luz do sol...", "claraboia encardida...", "emaranhamento de teias de aranha pendentes...", "soalho que range e cede sob a crosta de sujeira velha" etc. etc. O leitor comove-se nesse pedacinho e sente vontade de lhe mandar um envelope com qualquer coisa dentro. Mas se essa vontade se concretiza e o leitor vai ele mesmo levar o envelope, dará, em vez do pardieiro em ruínas que Nelson descreve, com um palácio industrial moderníssimo. As teias de aranha são fios de ouro que pendem do teto dos Lucros. A crosta de sujeira velha não está ali, está no banco, e é composta dessa imundície a que os homens chamam notas de mil cruzeiros. E o humílimo tipógrafo, de mãos sujas de tinta, aventalzinho roto e ar de quem há três dias comeu no japonês um pastel de vento, é um homenzinho baixote e retaco, razoavelmente gordo e corado, sorridente e feliz como um peru de festa, rico de dinheiro como a Casa da Moeda e riquíssimo do bom humor gordo e reluzente dos a quem o Destino traz sempre nas palminhas da mão e de vez em quando assopra.

Nelson Travassos é até doutor em direito. Nelson Travassos é a felicidade recheada, o homem a quem a Vida deu tudo e ainda continua dando o muito que há além do Tudo. E

* *Prefácio de 1944. Nota da edição de 2009.*

como o seu estabelecimento industrial constituía uma tremenda aparelhagem mecânica especializada no fabrico de livros, a influência de Nelson na literatura nacional foi se tornando como a de Son Eminence Grise no tempo do cardeal de Richelieu. Se romances e mais livros apareciam impressos em massa e inundavam o país, era sobretudo porque o humilde tipógrafo lá no seu antro movimentava as alavancas do *Fiat lux*.

Um dia Nelson enrugou a testa e pela sua cabeça passou uma ideia mais ou menos assim: "Eu inédito e a imprimir todo mundo que escreve coisas!... Por que também não hei de escrever e imprimir-me? Quando nada, ao menos para saber que gosto há no vir a público com as ideias estampadas a graxa preta em fundo branco". E Nelson escreveu a sua primeira coisa.

Mas escreveu como aqueles organismos elementares feitos só de protoplasma emitem pseudópodos. Para algum leitor que não saiba o que é pseudópodo, direi que é a emissão e projeção dum apêndice – dum falso pé – rumo a qualquer coisa que o animálculo julga ser comida; se é comida, o pezinho falso agarra-a; se não é, encolhe-se e some-se no corpo geral donde saiu. Pois assim fez Nelson: espichou para as colunas do *Estado* um pseudópodo com o título *O livro no Brasil*, na qual timidamente contava umas tantas novidades. Se o público recebesse com má cara aquele pseudópodo metido a sebo, Nelson o encolheria e o reabsorveria – e nunca mais.

Foi o contrário o que se deu. Em vez do público esborrachar-se com um piparote o pseudópodo, veio todo comidinhas: "Como está bom! Que interessante este artigo! Menciona uma série de coisas que ninguém sabia...". E houve telefonadas de amigos que fizeram Nelson travar conhecimento com o néctar dos deuses. E Nelson regalou-se. Andou por uns dias com os beiços besuntados com o mel do elogio e engordou vários gramas sem nenhuma mudança no regime alimentar. E, assim estimulado, Son Eminence Grise escreveu novo artigo, "O valor das traduções", no qual desvendava ao público uma série de fatos relativos ao assunto e introduzia uma novidade técnica.

Nosso povo está tão afeito a encontrar nos jornais artigos sobre todos os assuntos imagináveis escritos por "jornalistas", isto é, sujeitos profissionalmente obrigados a não entender de nenhum, que estranha e arregala o olho quando descobre algo decente, com ideias próprias, solidamente baseadas em fatos. Percebe logo que não é produto dum "técnico do jornalismo" e sim dum leigo – dum "ignorante". Foi essa a impressão que o público teve com o primeiro artigo de Nelson e que se acentuou com o segundo – e o público marcou aquele nome: "Nelson Travassos". O que viesse no jornal com essa marca seria merecedor de atenta leitura, porque não procedia de "profissional", de "técnico" na arte de escrever coisas bem arredondadinhas mas a uma légua da verdade e dos fatos.

– E a novidade introduzida no artigo?

– Ah, essa foi a "piada pessoal" – a citação duma anedota amavelmente pérfida atribuída a um figurão qualquer do dia. O telefone soou várias vezes carreando "parabéns pelo artigo", com louvores à piadinha *versus* professor Alexandre Correia. Nelson percebeu que o novo ingrediente introduzido era de primeira ordem, era a pimenta de certos vatapás, o molho inglês de certas carnes, a cebolinha do picles Morton – e passou daí por diante a usar e abusar do recurso, como se aquilo fosse o Mate Leão.

Muito bem. O pseudópodo inicial deixou de o ser; passou a pé de verdade, com unhas felinas porém macias, não cortantes como as do Agripino – e eis operado o milagre! Um novo escritor de artigos de jornal surgira, dotado da qualidade número 1: ser legível. E ainda com o mérito de esclarecer o assunto com uma curiosa seriação de "verdadezinhas". A partir daí, Nelson, cada vez mais estimulado pelo público e pelos amigos, não parou mais. Passou a desovar periodicamente no *Estado* artigos de primeira ordem, todos relacionados com os bastidores da literatura. Surgem retratos de editores. Fala-se ali na eterna inquietação do Otales, na elegância galante do Martins, na solenidade do José Olímpio e em mil coisas reais, curiosas, e explicativas do como e porquê da "concretização física" dos livros literários. E, depois, já seguro em sua posição de ex-protoplasma emissor de pseudópodos, e agora fincado entre os plumitivos como um *Deus ex-maquina*, Nelson atreve-se ao uso de novos ingredientes, como seja o humor – e fala da

"Inutilidade do livro", contando a história dum autor descendente daquele Jonas bíblico que foi engolido, ou engoliu uma baleia. E diz as mais lindas verdades sobre a "Instrução" tal como o Capanema a quer, com piadinhas para cima de Fernando de Azevedo, Claparede, Aguayo, João Kopke e a moça que perguntou ao mestre: "Professor, vitamina é micróbio?". E não para mais. Mexe com "Os problemas econômicos dos autores", disserta sobre o "Custo e o empréstimo do livro". E, lembrando-se de Veiga Miranda, revela quem foi esse ministro da Marinha. Depois faz uma resenha do livro desde Dom João VI até Monteiro Lobato. Chega até a estudar "O tipógrafo em face da cultura"...

Nelson sabe ver, sabe pensar, pensa com a cabeça em vez de com os calcanhares, tem na memória uma preciosa coleção de casos verídicos levemente arranjados, bole com todo mundo, belisca as instituições; tem, em suma, a coragem prodigiosa e suma de ser *interessante e verdadeiro*. E, não contente com isso, ainda penetra no mundo esotérico da crítica surrealista e abre os véus que escondem a mistificação. Ninguém entendia o surrealismo, nem mesmo os corifeus dessa estética. Nelson esclareceu o problema nestes termos:

– "O surrealismo é uma coisa mais ou menos assim: a gente olha para uma tela representando um galo. Fica olhando para o galo uma porção de tempo. Se aquilo for realmente um galo de verdade, com suas penas, bico e esporas, então não presta, não é pintura boa: é fotografia. Mas se o galo que vemos não é galo e sim uma cabeça redonda, eriçada, cruamente colorida e separada do corpo, com um olho muito grande em forma de triângulo no centro, um olho que lembre tudo menos olho, então temos diante dos olhos uma obra-prima do surrealismo. Por quê? Porque então não é a gente que vê o galo, é o galo que vê a gente".

Pois é esse Nelson dos artigos do *Estado* que aparece hoje em livro, e desse modo produz o melhor livro do ano: melhor não no sentido literário comum, mas no sentido pragmático do que mais irá agradar ao público e ensinar as mil coisas que ninguém sabe a propósito de livros, tipógrafos e editores, figurões que se imprimem e críticas que se leem uns aos outros, tudo dito com muita graça e vivacidade, aqui temperado de humor, ali de piada fina – sempre novo e *interessante*.

Interessante! Como essa palavra diz tudo! Os escritores interessantes são os abençoados de Minerva e de todos os deuses do Olimpo. Na pintura de Nelson Travassos a gente olha para o galo e vê um galo cheio de coricocós – não é o galo, nunca, que vê a gente.

Benditos sejam os homens interessantes!...

Prefácio de *Serpentes em crise*, de Afrânio do Amaral*

Os fatos só valem como matéria-prima para generalizações ou conclusões lógicas. Que generalizações e conclusões lógicas nos permite a série de fatos que o doutor Afrânio do Amaral metodicamente reúne neste livro para defesa de sua atitude no desempenho duma alta função administrativa?

As conclusões imediatas ele as enumera nas páginas introdutórias. Dizem de modo direto com o seu caso. Mas ao espírito dum estranho, como eu, acodem outras, talvez mais gerais – e entre elas uma que me parece da máxima relevância: *o governo no Brasil não passa de pura emanação da burocracia*. Os homens do governo, presidentes, ministros, legisladores, têm e dão ao povo a impressão de governar, mas quem na realidade governa é a burocracia.

Que é a burocracia?

Havemos que filosofar um bocado para conseguir visão com perspectiva.

O "governo" ou "Estado" nasceu do interesse do chefe guerreiro em dominar as massas humanas. Para exercitar o seu poder, o chefe delegava funções a capangas, executantes, prepostos etc. e diluía neles a força concentrada em si.

Com o evolver das coisas, a figura do "chefe" foi passando da forma inicial de "dono" ou "senhor" para a de "representante" das massas ou do povo. Surge a abstração "Estado".

* *Prefácio de 1941. Nota da edição de 2009.*

Nada mais é feito em nome do "chefe" dono e senhor, e sim do "Estado".

Mesmo nos países de maior apego à tradição, como a Inglaterra, o rei não é mais o "*rex*" antigo, e sim o supremo "mestre de cerimônias" do Estado. Não governa; apenas "reina", isto é, permanece hasteado, qual bandeira, no topo da pirâmide.

Nos países de forma republicana, a mesma coisa. Há uma bandeira temporária, eleita para um hasteamento de 4 ou 6 anos – até que desbote. O presidente. Mas, da mesma forma que o rei, o presidente não governa: apenas preside.

Nesse caso, quem, então, realmente governa? Quem é o governo? Quem é o governo de fato? Quem é na realidade o Estado, o poder que faz as leis de compulsão?

A burocracia.

Na aparência, o governo é constituído por presidentes, parlamentos e ministros, mas na realidade o governo é a burocracia. Presidentes, congressos, ministros não passam de simples referendadores, promulgadores, executores dos atos que a burocracia quer; não passam de simples instrumentos na obra em marcha da integral burocratização do mundo – esse secreto e instintivo ideal da burocracia. Sem o pensar, não existe porteiro de escola, ou surrado amanuense, que não trabalhe instintivamente para a integral parasitação burocrática do mundo.

Os antigos capangas, executantes ou prepostos do "chefe" inicial, cresceram em número e ambições – e libertaram-se. Engoliram o senhor. Transformaram-se no senhor de fato depois que se viram transformados em máquina – a imensa máquina administrativa. Com a força que adquiriam, foram arrancando leis e mais leis consagradoras de pequeninos privilégios para a classe – porque viraram uma verdadeira classe social. Por fim surgiu o privilégio monstro: – a vitaliciedade. Era o meio de se porem a salvo dos restos de poder ainda nas mãos dos reis, presidentes, ministros e congressos. Indemissíveis, indesalojáveis dos cargos, fora de uns tantos casos previstos em leis que os próprios burocratas redigiram.

Era a vitória definitiva da máquina, coisa de tão alta importância para a classe como foi a infalibilidade papal para a Igreja. A burocracia transforma-se assim em governo, em Estado – não em governo aparente ou Estado-abstração –, mas no governo-realidade, no Estado-realidade. Quem concebe e redige as leis discutidas pelo parlamento é ela; quem redige os decretos que o presidente assina é ela; quem sugere e redige as portarias e mais atos dos ministros é ela. Mas tudo feito com hábil manha para que as bandeiras hasteadas nas eminências – presidentes, legisladores, ministros – tenham a ilusão de que a iniciativa de tudo é deles – e também o povo tenha essa grata ilusão.

O "governo" perdeu a sua significação originária e deslocou-se integralmente para a máquina administrativa – que não passa duma classe parasitária a explorar a indústria dos impostos – de dois impostos, um *legal* e outro *secreto*.

Uma das consequências da passagem do governo das mãos dos "homens de governo", dos "chefes", para a máquina administrativa, foi a tremenda diminuição do trabalho dessa máquina e o seu completo desinteresse pela qualidade do trabalho. Se sou senhor, por que hei de trabalhar?

O estado natural do homem é o mesmo de todos os animais soltos na natureza: *o far niente*. Caçar e dormir. Só existe atividade entre os leões quando a fome os impele a prear; fora daí dormem preguiçosamente. O mesmo com o homem. O homem só trabalha por força duma pressão qualquer – elementarmente, a fome e o amor. Se no domínio das atividades particulares vemos o homem trabalhando em milhares de escritórios e campos e fábricas, é que a necessidade de comer e amar o mete entre as pontas dum dilema: trabalhar ou "estarvar". Mas se por um golpe de mágica esses milhões de atarefados obreiros fossem subitamente cobertos pela vitaliciedade e mais privilégios que a classe burocrática conseguiu para si, ah, nesse dia todo o trabalho do mundo estancava-se no mais calamitoso dos colapsos.

E que sucederia se dum momento para outro a classe parasitária fosse privada da vitaliciedade e mais privilégios? Ah, imediatamente se poria a trabalhar com a mesma diligência, eficiência, interesse e sofreguidão dos homens empregados na atividade particular. Por quê? Porque teria diante de si o mesmo dilema: trabalhar ou estarvar.

O mal tremendo que a burocracia faz ao mundo está em não produzir o trabalho que lhe incumbe – e do qual cada vez mais depende o trabalho das atividades particulares. Não produz no seu setor e embaraça a produção nos setores alheios.

E isso se agrava dia a dia, depois que a burocracia encampou o *L'État c'est moi* de Luís XIV. Basta acentuarmos que as duas grandes ideologias que hoje dividem o mundo não passam de dois ideais burocráticos. O comunismo visa à burocratização coletiva da nação. Inimigas na aparência e nos processos, as duas ideologias caminham juntas para o mesmo alvo. Para todos os burocratas, a salvação do mundo está ou no comunismo ou no totalitarismo – isso porque a vitória de qualquer desses extremos representa simplesmente a vitória final, estrondosa, esmagadoramente completa, do parasitismo burocrata.

Economia dirigida: que é senão um dos grandes ideais da burocracia em sua avassaladora expansão? Controlar todas as atividades privadas da indústria e do comércio até aqui fora da sua esfera de parasitamento, oh, delícia! E tudo leva a crer que a desgraçada humanidade não escapará a esse catastrófico superparasitismo...

No Brasil, a burocratização integral caminha a passos de gigante. Todas as modalidades políticas dos últimos anos se resumem em "alargar o Estado", em "fortalecer o Estado" – o que praticamente significa alargar a burocracia, fortalecer a burocracia. Os nossos "homens de governo" revezam-se nos altos postos sem que se atrevam sequer ao menor murmúrio contra a máquina. Sentem-se apavorados e fracos demais diante do poder oculto da monstruosa coisa. E limitam-se a simular que governam – a assinar as leis e decretos que a máquina lhes traz prontinhos. Essas leis e decretos a máquina os concebe e parteja sempre de olho na grande meta instintiva: enlear todas as atividades do país na teia de aranha burocrática. A justificação dos motivos é maquiavelicamente sedutora. Sempre o "bem público", os "altos interesses nacionais". Mas no fundo trata-se apenas de passes para o fortalecimento da burocracia.

Há pouco tempo ouvi dum ministro de ótimas intenções e altas capacidades esta confissão desalentadora: "Eu sei o que é preciso fazer e como fazer; mas eles não deixam". "Eles": a burocracia.

Em cada setor da máquina administrativa formam-se camorras e camorrinhas muito bem organizadas, não só para a imposição ao público de taxas secretas como também para toda sorte de arranjos lá fora. A Idade Média teve os seus barões feudais, que cobravam passagem nos caminhos próximos aos castelos. O barão feudal de hoje alapa-se na burocracia; os caminhos são os "trâmites"; o viajante taxável é o "papel".

Tive de fazer esta digressão para tornar claro o incidente específico do Butantã em que se acha envolvido o doutor Afrânio do Amaral.

Quem é este homem? A coisa rara que se chama um homem. Um homem capaz, um homem de ação, um criador, um construtor dobrado dum cientista.

A humanidade não passa dum rebanho imenso, com os seus pastores e lobos. Guerreiros, políticos no sentido vulgar, magnatas, são os lobos do rebanho: pream-lhe a lã, o leite, a carne. Mas os pastores conduzem-no amorosamente, criam-lhe coisas, abrem-lhe oportunidades, melhoram a sorte da massa infeliz e bronca. O sábio que no fundo do laboratório faz descobertas é pastor a trabalhar para o rebanho. O grande industrial que aperfeiçoa a transformação das matérias-primas trabalha para o rebanho. O diretor dum estabelecimento científico que faz o que Afrânio do Amaral fez no Butantã, dando-lhe a eficiência que não tinha, alargando-o, elevando-o à altura duma instituição de renome internacional e até realizando o milagre de transformá-lo em fonte de renda, trabalha pelo e para o rebanho.

A obra de Afrânio do Amaral merece meditação. Vale não só como realização prática e notabilíssima, como por demonstração das enormes possibilidades dos entre nós inutilíssimos institutos oficiais. O que lá foi executado só um homem da sua têmpera o conseguiria.

Um país oposto ao nosso na inteligente apreciação dos valores humanos já havia descoberto Afrânio do Amaral e o chamara para organizar o Antivenin Institute of America, próximo a Filadélfia – único serviço de ordem científica que um brasileiro jamais criou no exterior. O relevo desse fato induziu o governo paulista a convidá-lo para "dar um jeito" no Butantã, um instituto similar ao da América, mas caído no último grau de desagregação. E, levado pelo sentimentalismo patriótico, Afrânio cometeu o erro de aceitar o convite. Veio. Tomou a peito a obra.

A remodelação e a ampliação do decadente instituto foram maravilhosas. Butantã passou de zero a noventa.

Mas o feito heróico tinha fatalmente de provocar a rebelião da burocracia interna, acossada em seu equilíbrio de camorras e camorrinhas e nas delícias do *dolce far niente* das instituições oficiais que se cristalizam parasitariamente. E veio a guerra intestina.

Este livro conta uma parte do que a guerra foi; a outra parte estampou-se nos jornais da época. E o resultado da guerra tinha de ser o que foi. Sempre que no Brasil se chocam os interesses do parasitismo burocrático e das camorras nele formadas, com os reais interesses da nação, vence o parasitismo. E vence o parasitismo, porque o juiz da contenda é o governo e o governo já se identificou da maneira mais absoluta com o parasitismo burocrático. De modo que o governo aparente nada mais faz senão referendar as decisões do governo-realidade: a burocracia.

Foi o que se deu no Butantã e é o que se dá em todos os casos de conflitos idênticos. Que pobre coisa é o Brasil! Colônia sempre, eternamente colônia. Outrora, de Portugal. Depois, dos imperialismos. Agora, em escala galopante, do parasitismo burocrático da máquina... E é inútil protestar, mostrar, provar, reagir. Ninguém quer ver. Todos acham que está tudo pelo melhor no melhor dos mundos possíveis. Tolo quem se revolta – como tolo o chefe dum serviço como esse do Butantã, que, em vez de aderir ao regime parasitário do piscar o olho e deixar correr o marfim, lembra-se do pobre Brasil e dá todo o seu esforço a uma obra de construção.

Tolo, sim. A paga, o revide, é inevitável: queda e... O pragmaticamente sábio é a "camaradagem". Interesse nacional? O país? *Let me laugh!* A realidade única é o nosso interesse pessoal imediato e o do grupo em que nos integramos. Já que na consciência de todos subsiste a vaga ideia de que somos uma nação fadada ao fracasso, de que valem esses esforços para entravar um profundo processo desagregativo em marcha tão avançada? Mintamos, cocainizemo-nos com fraseologias despistadoras – e lá deslize o barco ao sabor da corrente. No momento do desastre, o remédio é simples: meter a cabeça sob a asa, como a avestruz.

Felizmente a ação de Afrânio do Amaral vai agora exercer-se num campo de atividade ainda livre da sabotagem parasitária. É ele quem lidera o grupo empenhado no desenvolvimento dum processo de siderurgia que há um século apaixona sábios e inventores. Graças às suas excepcionais qualidades de comando, de organizador, de cientista moderno intensamente informado, o Brasil breve saberá a que ponto chegou entre nós a redução dos minérios de ferro em baixa temperatura – única solução certa do problema siderúrgico brasileiro.

Mas do mesmo modo que o Brasil só soube do valor científico de Afrânio do Amaral depois da sua consagração na América, também só saberá desta segunda parte da grande obra de sua vida depois que de fora vier a consagração.

Entrementes, que a burocracia continue no seu silencioso roer de traça. A função do pedículo não é outra.

O mais curioso, impressionante e irrespondível libelo que um sábio jamais articulou contra a imbecilidade humana é *A short introduction to the history of human stupidity*, de Walter B. Pitkin. Uma "breve introdução" com seiscentas páginas, formato grande!... Mas Pitkin não conhece o Brasil – o que o livrou de acrescentar mais cem páginas ao volume. Que prodigioso capítulo não escreveria Pitkin se soubesse da nossa queima de mais de oitenta milhões de sacas de café por abissínica ignorância de que nessa imensa massa de matéria-prima existiam subprodutos de valor muitíssimo maior que o do café-café!

Afrânio do Amaral dirigiu e orientou no Butantã o estudo científico do aproveitamento desses subprodutos – óleo, cafeína, ácido clorogênico, trigonelina, celulose, adubo e resíduos combustíveis. Quem se der ao trabalho de ler neste livro a parte relativa a esses estudos estará plenamente habilitado a avaliar o altíssimo valor do nosso grande cientista e o maravilhoso capítulo que Pitkin não escreveu.

Que luxo caro a estupidez! O pobre Brasil arruinou-se da maneira mais irremissível unicamente pela vaidade de conquistar o cinturão de ouro da imbecilidade universal com a queima de mais de oitenta milhões de sacas duma substância preciosíssima e penosissimamente produzida, beneficiada, ensacada e transportada... E ao mesmo tempo que queimava trinta milhões de quilos só de cafeína, importava alguns milhares de quilos desse produto, no valor de vários mil contos de réis! Ah, Pitkin! Ah, Pitkin!...

Prefácio do *Nós e o universo*, de Urbano Pereira*

Este livro nos surpreendeu. Modestissimamente deu-no-lo o autor a ler antes de impresso, diminuindo-se, apequenando-se, frisando as suas insuficiências, e foi com desconfiança que o folheamos. Que poderíamos encontrar ali senão um mal cosido reflexo de leituras de acaso, sem rigorosa sistematização, mais cheio de frases do que de ideias, como é de uso entre nós?

Mas a leitura levou-nos de surpresa em surpresa, pois se tratava duma bela síntese das mais avançadas conclusões da ciência moderna em todos os seus setores. Urbano Pereira não se revelava apenas um estudioso, mas um homem dotado da mais pura mentalidade científica, com o perfeito equilíbrio que essa mentalidade exige, a serenidade, a imparcialidade, a coragem dos que põem a procura da verdade acima de tudo.

O caso impressionou-nos e relemos a obra com maior atenção. Esta segunda leitura ainda mais nos confirmou no primeiro juízo: era positivamente a primeira visão geral, panorâmica, das últimas conclusões da ciência e da "filosofia científica" que se nos deparava em nossa tão pobre literatura de pensamento puro – conclusões de quem se penetra do que está dizendo e só o diz depois de perfeita assimilação. O capítulo sobre a teoria da relatividade irá decifrar para muitos leitores esse bicho de sete cabeças. Na última parte, Urbano Pereira, intrepidamente, passa da física e da biologia para a metapsíquica. A superiorida-

* *Sem identificação de data. Nota da edição de 2009.*

de com que aborda esse campo ainda tão cheio de perigos nos lembra Oliver Lodge. E por fim chega ao ponto terrível, onde quase todos os sintetizadores tropeçam, caem ou naufragam – as conclusões últimas –, as conclusões das conclusões.

Mas Urbano Pereira não naufraga.

Depois de na Conclusão I aceitar a evolução como a grande lei geral, diz na II:

> *O nosso mundo sensorial é um aspecto particular de um universo muito mais complexo e muito mais amplo. Uma vida humana representa uma parcela extremamente pequena dentro da imensidade do Todo; pequena no espaço, entre os dois infinitos dos astros e dos átomos; pequena no tempo – instante fugaz dentro da eternidade; pequena na capacidade de ação e de conhecimento, presa ao mundo fenomênico da matéria e da energia. Não conseguimos apreender inteiramente nem mesmo essa parte limitadíssima do Todo na qual estamos imersos.*

E, finalmente, na Conclusão III declara:

> *Nossa individualidade não é função do corpo que nasce, cresce e morre. Sabemos da sobrevivência do nosso eu após a desagregação desse corpo e da continuidade das faculdades intelectuais e morais que o individualizam. Ultrapassamos nossos sentidos corporais, mesmo quando imersos no mundo material e limitados por ele; podemos apreender certos aspectos do universo completamente diversos dos fixados pelos nossos sentidos normais.*

Está perfeito.

Temos, em suma, em Urbano Pereira um elemento da nossa composição mental indígena que estava tardando a aparecer: um verdadeiro filósofo moderno. O filósofo moderno é algo muito mais modesto que o filósofo ao tipo clássico, construtor de tremendos sistemas lógicos. O filósofo moderno é um *avant coureur* do cientista, isto é, um homem que se localiza nas fronteiras da ciência e, com base nas aquisições desta, vai *antecipando* conclusões inevitáveis.

Neste gênero, Urbano Pereira é o nosso número 1.

Prefácio do *Bioperspectivas*, de Renato Kehl*

Renato Kehl vacilou na escolha do título deste "testamento de ideias". No original que me deu a ler vinham três títulos a lápis: "Minha filosofia", "Conceitos filosóficos" e "Escrúpulos filosóficos". Venceu um quarto, intruso de última hora: "Bioperspectivas".

Venceu o melhor, porque Renato Kehl é muito mais cientista do que filósofo. A diferença entre um e outro está em que o cientista para em certo ponto, admite o *Non possumus*, o "Incognoscível" de Spencer; ao passo que o verdadeiro filósofo se debruça sobre a barreira e lá vai jogando no escuro o laço das suas hipóteses.

Classificar de cientista a um homem de pensamento é pô-lo no rol dos que organicamente repelem tudo quanto não surja com base no experimentalismo dos laboratórios. Quem formula ideias gerais apenas com base na logicidade não merece tal nome – poderá ter o de filósofo. Renato Kehl me parece o mais acabado tipo de cientista que a nossa atualidade pensante possui.

Neste seu "testamento" compendia as ideias últimas que lhe advieram do estudo da coisa que mais interessa ao homem – a Vida. Donde o acerto do título – *as perspectivas da vida*, sobretudo a humana. Mas da vida como a apreende o laboratório.

A Vida! Nossa percepção sensorial nos mostra duas coisas no mundo que nos rodeia; uma *primacial*; a Vida; outra *elemental*, a substância que serve de matéria-prima às manifestações da vida.

* *Prefácio de 1938. Nota da edição de 2009.*

Temos, pois, a Vida; e dessa Vida com "V" grande, tudo quanto vive com "v" pequeno não passa de células, de formas de vida. O homem é uma forma de vida. O elefante, a borboleta, os pássaros, a formiga, a ameba, a bactéria, as plantas: simples formas de vida. Há milhões de formas de vida, todas a se manifestarem por intermédio da matéria elemental que os químicos estudam em seus laboratórios – oxigênio, hidrogênio, carbono, azoto, ferro etc.

Aqui está o milagre supremo. Esta matéria-prima elemental, morta, insensível, inevolutiva, sempre a mesma aqui e nos outros astros (como no-lo revela a análise espectral), talvez só exista para esta função: prestar-se ao jogo proteico da misteriosa Circe. Assim como pela movimentação de apenas dezesseis peças o jogador de xadrez consegue combinações sem fim, assim também com os oitenta elementos simples isolados pela química a Vida, essa prodigiosa enxadrista, opera uma infinidade de combinações funcionais, ou de formas de vida.

Esse mistério sempre tonteou o homem, forçando-o a desvairar em hipóteses. A inteligência clássica formulou-as a quase todas naquela manhã de sol chamada Grécia. A inteligência moderna uma a uma as reformula hoje, ajudada pelos avanços devassadores do laboratório. Mas de todo esse esforço apenas um conhecimento nos resultou, e é que *a vida evolui*. Evoluir talvez seja a essência do que vive. Mas evolui em que sentido? Com que fim? Movida de que força? Mistério. Nossa grande pequenina descoberta se resume em saber que a vida evolui...

E temos já aqui o começo das tonteiras biológicas. Evoluir implica a ideia de continuidade ilimitada. Ora, feixe de limitações que é o homem, como poderá compreender algo que não se limita?

Nossa inteligência não passa dum pobre moinho de observar, deduzir e concluir – mas um moinho pauperrimamente apetrechado. Só dispõe de cinco instrumentos, todos bastante rudimentares: os nossos sentidos, essas cinco janelinhas através das quais percebemos o mundo exterior. Tão rudimentares ainda esses sentidos, que por meio de ajustes mecânicos conseguimos acrescer-lhes o poder. O telescópio nos alonga a visão. O microfone nos multiplica a audição.

Os sentidos foram aparecendo gradual e evolutivamente. Antes de cinco seriam quatro; antes de quatro seriam três; antes de três seriam dois; antes de dois seria um. A ameba – o pipilo da Vida – só tem um, o sentido tátil, e presumivelmente foi esse o primeiro a aparecer em todas as formas de vida na fase do seu "período amébico".

Se os sentidos foram surgindo até constituir o quinteto de hoje, seria absurdo fixarmos em cinco a nossa potencialidade sensorial. Teremos um dia seis. Mais tarde sete. A seguir, vinte, cem. E cada sentido novo que se desenvolve nos abre à percepção um mundo inédito. Antes de nos virem os olhos, não existia (para nós) o mundo da luz. Antes de nos vir a audição, não existiam sons. Antes de nos vir o olfato, não existiam perfumes.

Evoluir é, talvez, na essência, adquirir sentidos novos. A observação revela entre os homens de hoje o bruxoleio dum sexto sentido, que poderemos denominar "metapsíquico". Essa coisa incompreensível a que chamamos vulgarmente "mediunidade" e que em grau maior ou menor se revela em certas criaturas: que poderá ser senão o surto de um sentido novo, ainda tateante, ainda instável, mas que se irá firmando e universalizando como sucedeu aos seus cinco irmãos mais velhos? E esse sexto sentido claro que nos porá em contato com aspectos novos da natureza – novos para nós, como a velhíssima luz é nova para o cego que de súbito adquire visão.

A evolução nos deu o tato; nos deu o olfato; nos deu o paladar; nos deu os ouvidos; nos deu os olhos. Essa mesma evolução nos começa a dar a mediunidade – e em remoto futuro nos dará... Que nos dará ela no futuro? Como poderemos hoje imaginar sequer qual possa ser o sétimo, o vigésimo, o centésimo sentido que nos espera?

A cada novo sentido nosso alcance cresce em progressão geométrica. O mundo do tato se limita ao contato. O mundo do som já se amplia a um raio de muitos quilômetros de distância. Com a visão alcançamos estrelas a milhões de anos-luz da Terra. Qual o nosso raio de alcance quando o sexto sentido, ora em germe, atingir a plenitude?

Filosofias...

Sim. Mas o cientista foge disso, embora seja ele o fornecedor de lenha às filosofias. Graças à especialização, ele vai reunindo verdades experimentais que o filósofo fila para a construção dos seus monumentos. E pois trabalham juntos na mesma tarefa os cientistas e os filósofos, embora se desentendam e se entremotejem. No "testamento" de Renato Kehl transluz com frequência a velha ojeriza dos cientistas para com os filósofos – esses "aproveitadores" do trabalho científico.[1] Também o produtor de materiais de construção muitas vezes se revolta contra o que os arquitetos constroem com os seus tijolos, suas telhas, sua cal, seus vidros, seus cimentos.

O autor não perde vaza de desfazer nos pobres filósofos – mas por castigo esquece às vezes que é só cientista e também filosofa. O sangue germânico traz átomos de Kant em todos os seus glóbulos...

Mas não filosofemos neste prefácio de obra tão típica, tão bela, tão rigorosa dentro de seus pontos de vista quase matemáticos. Confessemos apenas o orgulho do prefaciador em ver suas palavras tontas à frente duma sólida coorte de aforismos intrépidos.

Renato Kehl, seguro de disciplina, passou os anos no convívio das ciências biológicas e pode agora atestar que também entre nós medra o verdadeiro espírito científico das grandes terras. A leitura do seu trabalho nos enriquece fartamente. Em todos os temas tratados vemos a flor das conclusões-terminus a que a ciência moderna chegou – e muitas constituirão novidade para

[1] *De acordo com a tendência moderna da filosofia, que se apresenta cada vez mais* científica, *o autor acompanha com simpatia a "metafísica da experiência", da renovação contínua graças à qual a ciência, mesmo quando não constitui um todo de leis verificáveis, aduz sempre novo acervo de "verdades cada vez menos imperfeitas", na acepção de Ingenieros.*

O autor não pode, pois, ter aversão à filosofia elaborada em torno de hipóteses legítimas, que visam esclarecer ou explicar problemas ainda fora da experiência. Seu antagonismo é à "filosofia verbalística" em que predominam a simples imaginação, a facúndia e a confusão, como à filosofia logomáquica, transcendendo sofismas e difundindo-se, sem nenhum limite, aos campos estéreis dos "absurdos lógicos". Nem mesmo pode ser adversário da própria metafísica, quando esta, à margem de crenças e especulações relativas ao sobrenatural, torna-se um sistema ideológico de divagações hipotéticas sobre questões não demonstradas ou mesmo indemonstráveis. Nota de R. K na edição de 1946.

a nossa triste má percepção das coisas novas. Citarei o trecho em que expõe o significado social e biológico da máquina. Bastam essas linhas para exemplificar a solidez do pensamento de Renato Kehl.

"A máquina desempenhárá funções cada vez mais decisivas. Dentro de alguns decênios não mais existirão povos *ingênuos*. Saberão todos tirar proveito do automóvel, do cinema, do rádio e das máquinas em geral. Os componentes da 'medianidade' e da 'vulgaridade', que ainda representam em muitos misteres o papel de máquina, tornar-se-ão cada vez mais desnecessários. Para eles as máquinas serão perniciosíssimas. Substituindo progressivamente os 'homens-braço', os 'homens-mão', deixam cada vez maior número de 'sem-trabalhos'. Salvar-se-ão naturalmente alguns elementos de maior valia; os demais sucumbirão. Como se sabe, durante os últimos anos as escórias humanas se têm acumulado em consequência do desrespeito às leis naturais. Não tem havido desbastamento suficiente ou eliminação seletiva em regra. Os incapazes, os doentes e os anormais de várias ordens acumulam-se de modo assombroso, nas prisões, nas penitenciárias, nos manicômios, nos bairros da miséria. A máquina, que criou o 'sem-trabalho', agrava ainda mais a situação, porque deixa ao desamparo um sem-número de famílias que ainda conseguiam viver. A natureza agora tira partido do próprio artificialismo, mantido pelo 'homem-caridade', pelo 'homem-médico', pelo 'homem-higiene', apressando a seleção exatamente em consequência deste fator novo: a máquina. Um dia surgirá o 'homem-espécie', não só para gozar da máquina como também de tudo que foi realizado à custa de tantas vítimas"...

E muitas outras visualizações de rigorosa base científica fazem da obra de Renato Kehl um acontecimento em nossa vida mental. Seus aforismos sobre o Ócio; a dolente dissertação sobre o homem, "esse desconhecido" tão maltratado pela "inteligência"; a análise da função do medo como elemento criador; a distinção entre "crer" e "saber"; o estudo quase humorístico sobre a ideia vulgar de Deus; as ironias contra o biblicismo; o conceito do verdadeiro sábio – e tantos outros igualmente finos, penetrantes, puras novidades para uma gente como a nossa que ainda não passou do estágio literário.

Temos literatura; ciência quase nenhuma. O esforço disciplinado que a ciência pede não condiz com o nosso temperamento de povo tropical, tão mais amigo da rua que dos interiores. A rua é literária e a ciência só germina no recesso silencioso dos gabinetes e laboratórios – instituições nitidamente peculiares aos climas frios. Como pode medrar a meditação, o estudo longo, numa terra em que o calor constantemente nos toca para a rua – para o ar livre? Falta na obra de Renato Kehl uma página sobre a função do frio no desenvolvimento da ciência e da atitude científica...

Não estranhe o leitor que esteja a prefaciar uma obra tão séria o sujeito menos adequado. Mas há para isso uma razão toda especial. Vim a conhecer Renato Kehl no início de minha vida literária, certo ano em que, numa série de artigos de jornal, me pus a entender de saneamento. Fanático que já era ele da eugenia – ou da aplicação da ciência para melhorar o mau animal humano –, procurou-me com proposta para editar em volume tais artigos e prefaciá-los. Surgiu assim o *Problema vital*, a primeira coisa, creio, que de mim saiu sob forma de livro – e com prefácio de Renato Kehl.

Anos transcorreram. Envelhecemos os dois, um lá outro cá, com as vidas divergentes e sem encontros afora os de acaso. Há dias, porém, reapareceu-me o bom amigo, desta vez com intimação:

– Prefaciei teu primeiro livro e agora quero que prefacies o meu último – este testamento de conclusões científicas e filosóficas.

Acedi de coração – porque não havia lido a obra. Se a conhecesse, como a conheço hoje, claro que me não atreveria a tanto. Que credenciais, santo Deus, possui um humílimo literato da minha marca para apresentar ao público tão fina suma de toda uma vida de estudos sérios – obra sem irmã em nossas letras, honesta como a que mais o é, lealíssima, irreverente para com todos os tabus arrogantes, sólida da solidez germânica, construtiva em tão alto grau e tão rica de largos horizontes?

Uma só. A de crente, como ele, no valor sem par da ciência pura – embora admitindo-a como a rabugenta ama-seca da Filosofia. Sim, creio na Ciência. Só ela fornecerá à Grande Dama os elementos construtivos da coisa suprema – a Sabedoria.

Prefácio ao *Gilberto Freyre*, de Diogo de Melo Meneses*

Diogo de Melo Meneses, autor deste livro biográfico sobre Gilberto Freyre, surpreendeu-me com um convite para que o prefaciasse – convite que chegou no pior momento, em meio a uma gripe que me impede de escrever o prefácio que eu desejava e no qual dissesse do biografado o muito em que sempre o tive. Sempre, sim, repito, porque essa magnífica flor de inteligência brotada no Norte e aprimorada nas melhores universidades estrangeiras me é conhecida desde as suas primeiras manifestações. Em seu precioso livro, Melo Meneses recorda e transcreve um trecho de carta minha a Oliveira Lima, escrita há muitos anos, quando eu dirigia a *Revista do Brasil.* Oliveira Lima escrevera-me apresentando Gilberto, que então cursava a Universidade de Colúmbia, e dele me enviara um artigo para aquela publicação. E minha resposta traduzia o meu espanto diante da novidade. "Que talento! Que penetração! Que modo de escrever! Que estilo! Que elance *primesautier*!", dizia eu no trecho citado. O calor do entusiasmo tornara-me super-realista nesta última exclamação; por "elance *primesautier*" eu evidentemente queria significar um conjunto de qualidades vivas, cheias de espontaneidade e movimento; queria, em suma, significar o que comumente a palavra "gênio" traduz.

Assim pensei naquele primeiro contato com o "menino" Gilberto Freyre; e muitos anos mais tarde, quando, qual o cometa de Halley, irrompeu nos céus da nossa literatura o

* *Prefácio de 1944. Nota da edição de 2009.*

Casa-grande e senzala, literalmente devorei esse primeiro livro de Gilberto, que vinha em absoluto confirmar os meus quatro pontos de admiração.

Nele encontrei o Gilberto da *Revista do Brasil*, já maduro, já no ponto de bala do senso crítico, com a genialidade ingênita primorosamente lapidada e disciplinada nos altos cursos ingleses e americanos, e apurada nas excursões que fez pelos países-madres do Velho Mundo – esse complemento de curso. E depois vieram *Sobrados e mocambos* e *Nordeste*, obras que não passam de engalhamentos da primeira, a qual por sua vez não passa de galho mestre do livro-tronco – a preciosa *História do Brasil* que Gilberto há de escrever um dia.

Em todos esses capítulos da futura *História do Brasil* outra coisa não fez Gilberto senão revelar-nos a nós mesmos, contar o que somos, e porque somos assim e não de outro modo. Toma-nos a mão, como Virgílio tomou a de Dante, e vai nos ensinando a ver claro nas coisas do Brasil. E nós abrimos a boca, por que, apesar de "sermos Brasil", várias crostas, sobretudo a do narcisismo, nos têm impedido de ver-nos sem esta ou aquela tendenciosa deformação da realidade.

Gilberto Freyre tem o destino dos Grandes Esclarecedores. Antes de sua amável e pitoresca lição vivíamos num caos impressionista, atrapalhadíssimos com os nossos ingredientes raciais, uns a negá-los, como os que têm como "patriótico" esconder o negro, clarear o mulato e atribuir virtudes romanas aos índios; outros a condenar isto em nome daquilo – tudo impressionismo duma ingenuidade absoluta e muito revelador da mais completa ausência de cultura científica na nossa gente culta e até em nossos sábios.

Porque a verdade é que até muito recentemente o brasileiro tinha sérias dúvidas sobre "isso de ciência" – e o usual em matéria de sociologia era vir com risinhos de entendido malicioso e com a tangente de que "isso de sociologia era coisa de Augusto Comte".

Uma das consequências da vida latifundiária que Gilberto tão bem esclareceu e com pequenas variantes é a mesma no Norte, no Centro e no Sul, foi o desprezo da ciência por amor à literatura. Ser culto era saber "conversar literatura" nas rodinhas. "Oh, o Eça..." Como o cultivo das ciências exigia concentração, pulávamos por cima. Muito mais fácil ler *O primo Basílio* do que os *Primeiros princípios* de Spencer. Os médicos ainda estudavam o seu bocadinho de fisiologia, a sua anatomiazinha. Os bacharéis em direito de mais ampla envergadura chegavam até a *Cité antique* de Fustel de Coulanges.

Súbito, um relâmpago. Explodem *Os sertões*. A dose de ciência que Euclides ensartou no grande livro soube-nos ao paladar como revelação maravilhosa. Lemo-lo com os cabelos em pé. E quando Euclides citou Gumplowicz, sentimo-nos siderados. Aquilo dava impressão de arma secreta de Hitler...

O fenomenal triunfo d'*Os sertões* proveio sobretudo da dose de ciência embrechada no livro e do arrojo de suas antíteses. Novidade das grandes. Mergulhados que ainda vivíamos no impressionismo dos "Perfis de mulher" de Alencar, os relâmpagos euclidianos nos cegavam os olhos. E também não estávamos afeitos ao estilo nervoso, aqui e ali cortado de curtos-circuitos chispantes. Euclides foi o nosso primeiro desasnador.

Depois emergiu Oliveira Viana, e foi novo espanto. Não era curto-circuitante, mas em vez de citar Melo Morais, citava Lapouge e Gobineau, um conde! A golpes de Lapouge e Le Play, Oliveira Viana impôs-se-nos qual bendengó caído dos céus da sociologia – e sei disso porque tomei parte na aventura. E o Brasil entrou a desconfiar de que de fato a ciência sociológica existia, já que homens de tanta respeitabilidade juravam em cima dela.

E por fim aparece Gilberto Freyre.

No caso de Gilberto houve olhares desconfiados. Seu livro era sociologia, jogava com toda a técnica da misteriosa ciência e com a sua estranha terminologia. A desconfiança vinha de ser tudo aquilo muito amável e límpido – ou muito caseiro. Era lá possível que na tal sociologia coubessem vatapás baianos e mais coisas gostosas? E que fosse ciência verdadeira tanto negrinho insinuado nas casas-grandes, e tanta mucama a fazer cafunés nos príncipes herdeiros dos latifúndios? Nos primeiros momentos o Brasil ficou na dúvida ou "interdito", como dizem os franceses, sem saber ao certo que gênero de literatura ou ciência era a tal *Casa-grande e senzala*. Os críticos juravam ser ciência, mas o tom era muito alegre, sadio e pitoresco para ser ciência.

Muito transitável. Nossa concepção de ciência ainda estava ligada ao ar macilento, às olheiras fundas, à magreza ascética, aos olhos cansados e exigidores de óculos fortíssimos. Ciência de verdade, só nos livros narcotizantes. Um livro de ciência tinha de adormentar o leitor já nos primeiros capítulos e levá-lo ao cemitério no fim.

Gilberto, porém, dava uma ciência viva, cabritante, sem papoulas, sem impenetrabilidades, e riquíssima de tons humanos. Ele falava em "cheiro de mulata", em bodum de negro, em leituras secretas, em brinquedos de crianças, em anúncios de jornais, em beijos atrás da porta, em modas de vestidos e penteados. E falava muito em comidas. Seu livro era uma casa inteira, com sala de visitas, sala de jantar, quartos de dormir, banheiro, copa, cozinha e quintal. Pois ciência então não era apenas sala de visitas? Em vez de nos pintar uma ficção, ele nos pintava um Brasil que nos envolvia de todos os lados, cru, vivo, palpitante. Nada do narcisismo até aquela data obrigatório, nem da gravidade mazorra. Nada do preto que se entraja de ariano e como ariano procura impingir-se no baile – embora, como o asno da fábula que vestiu a pele do leão, ficasse com a catinga de fora.

Mas a desconfiança foi passando e Gilberto venceu. Ensinou ao país a *Gaia scienza* de Nietszche ou essa deliciosa composição que é a ciência misturada com a arte – com todas as artes, inclusive a culinária, tão vital nos destinos humanos, e a erótica, a mais cultivada de todas. E Gilberto Freyre tornou-se o Grande Desasnador, o delicioso mestre da verdadeira ciência sociológica como a entendem os homens de gênio.

A essência dos livros de Gilberto é serem saborosos. Entrar neles não é entrar na cela de Spinoza, coitado, tão alto mas tão secante. *De emendatione intellectus*... que caixão de defunto! Entrar num livro de Gilberto é entrar numa sala de festa, cuja mesa de banquete fulgura e recende como os quadros de natureza-morta dos planturosos pintores flamengos d'antanho. Ali tudo é vida e *joie de vivre* – e é ao mesmo tempo ciência da mais alta, aprendida com os maiores mestres, os Franz Boas e os John Dewey. Mas ciência apresentada por um Raguenau tropical.

Na primeira carta que escrevi a Gilberto e Melo Meneses cita (coisa também daquele tempo da *Revista do Brasil*), dizia eu para o menino-prodígio: "Pobre Gilberto! Tens muito viva a marca, o signo terrível, que põe contra um homem a legião inteira dos medíocres". Fui profético. O grande inimigo de Gilberto Freyre tem sido sempre a mediocridade – na crítica, no governo, no leitor comum. Mas ainda está por aparecer uma verdadeira inteligência que com ele não comungue. Podemos até dizer que o melhor teste quanto ao valor duma inteligência é pô-la diante dum livro de Gilberto. A inteligência medíocre fatalmente o repelirá com o mesmo ímpeto com que o acolherá a inteligência de escol.

E além da mediocridade da inteligência, há mais coisas que Gilberto teve o dom de ofender: o narcisismo patriótico, o jesuitismo de todas as cores, a velha mentira social clássica, que, apesar de tão *faisandée*, ainda vige e viça, sobretudo no clã dirigente. E não podia deixar de ser assim, porque Gilberto é luz e saúde de corpo, alma e espírito – o ambiente mais antipático aos morcegos e percevejos. O sangue que corre nas veias da sua literatura científica é um sangue arterial bem oxigenado – não é a gélida solução vermelha de permanganato de potássio dos bicharocos trevosos. O Brasil futuro, presumivelmente mais decente que o atual, vai dever muitíssimo a Gilberto, o Grande Desasnador.

Vai dever, por exemplo, a tão esperada e tão retardada "História do Brasil como realmente foi e é". E então aposentaremos a velha traquitana desengonçada e melancólica a que ainda chamamos *História do Brasil*, dos Lacerdas e Pombos: essa triste máquina de inocular nos meninos duradoura repulsa por tudo quanto cheire a História. Ah, as nossas Histórias do Brasil, copiadas umas das outras, pioradas umas das outras, com aqueles donatários que não têm fim, com aquelas datas ultrainsignificantes, com aquelas guerras do Alecrim e da Manjerona que solenemente se denominam "Guerra dos Mascates", "Guerra dos Emboabas", "Revolução de 42" – com tudo reduzido aos passes da Administração e da Política! Aquela congérie de fatos sem alcance social, sem travamento no universal...

Sim, nunca me hei de esquecer dos meus bocejos no colégio quando chegava o momento da aula de História do Brasil, uma "Hora Nacional" que tínhamos de ingerir de pé firme, com a resignação de quem toma erva-de-santa-maria com uma colher de óleo de rícino em cima. Apenas de um dos nossos "fatos históricos" guardei memória alegre: – um bispo Sardinha que naufragou nas costas do Norte e foi devorado pelos índios.

Como me pareceu natural que os índios comessem um homem de tal nome...

Estou velho e "sobrando". O provável é que nunca venha a conhecer a futura "História do Brasil" de Gilberto Freyre, mas regalo-me com imaginá-la. Será o grande remédio eliminador que irá lavar a alma de nossos netos da penosa gavage de inconsequências com que os Mem Bugalhos Pataburros da historiografia nos entristecem há seculos.

Felizmente o Brasil futuro não vai ser o que os velhos historiadores disseram e os de hoje ainda repetem. Vai ser o que Gilberto Freyre disser. A grande vingança dos gênios é essa. Por mais que os percevejos e morcegos, e a fauna inteira da mediocridade se agitem, o que fica, o de que o futuro toma conhecimento, é o que os gênios querem. Tudo mais desanda para as latas de lixo do Tempo, com boas tampas em cima.

O futuro vai conhecer o Brasil através da obra de Machado de Assis, para a parte psicológica; através da de Euclides, para a parte "lineamentos gerais e grandes contrastes"; e sobretudo através da de Gilberto Freyre, para a parte "vida como a vida foi e gentes como as gentes eram". E esse Gilberto hoje mordido por toda a miuçalha *qui fait trais petits tours et puis s'en va* será no futuro cada vez maior. Porque o grande panorama da humanidade, em eterna elaboração, não sai da palheta dos percevejos nem dos morcegos, e sim da dos gênios – e Gilberto é um dos gênios de palheta mais rica e iluminante que estas terras antárticas ainda produziram.

Abençoado, pois, seja o Boswell que escreveu esta sua biografia.

Sobre *Cartas para outros mundos*, de Álvaro Eston*

Recebi com atraso o seu livro, mas recebi-o e li-o, o que tem alguma significação para quem sofre de dispepsia literária. E no decurso da leitura fui fazendo uma tremenda descoberta merecedora do prêmio Nobel. Essa descoberta é a seguinte: estes anos de 1914 para cá representam uma verdadeira mutação biológica. Aquele velho *Homo sapiens* que durou até 1914 evoluiu inesperadamente para o *Homo sceleratus* que hoje vige e viça frondosamente. Consequência: todos os personagens históricos aos quais você dirige as *Cartas para outros mundos* adquirem um acentuado sabor de fósseis, e fossilizadas também me parecem as ideias que os dirigiam – de honra, dignidade humana, justiça, decência, polidez. Tudo virou osso paleontológico, meu caro. O Eça é um osso da extinta Elegância Mental. Molière, um osso da psicologia universal. Salomão, um fêmur da justiça filosófica. Anatole, uma clavícula do equilíbrio literário, Balzac, Voltaire, Arquimedes, Cristina, Schopenhauer, Diderot, Confúcio e todos os mais a quem você escreve as cartas, viraram tíbias, astrágalos, rótulas, vértebras, costelas de velhíssimos megatérios da intelectualidade humana. Dessa grande fauna extinta só sobreviveu Maquiavel – e está liso, lustroso e gordo como um porco do governo.

O seu livro, meu caro Eston, é um terrível lembrete. É um abrir de cortina que diz: "Vejamos o que já fomos". E cessa aí a

* *Prefácio de 1942. Nota da edição de 2009.*

sua liberdade de escritor, meu caro Eston. As forças novas, dominantes, impedem a completação do quadro com a exibição do que somos. E sabe o que somos, meu caro? Um estômago, e mais nada, com uma função exclusivamente fisiológica: engolir tudo o que as Forças Novas nos vão impondo. Engolir e calar. Engolir e digerir. Engolir e achar bom. Engolir e misturar as caretas com os aplausos.

Mas a Ordem Nova não nos impede de, ao engolirmos tantos sapos, simultaneamente sentirmos saudades da Ordem Velha, da qual só restam fósseis. E seu livro é isto: um grito de saudade que se disfarça em ironia, em riso, em brincadeira melancólica, muito cauteloso em não atrair a atenção das Gestapos proteiformes que montam guarda ao túmulo da Decência, de medo que ela ressurja...

Na minha qualidade de fóssil vivo, agradeço a homenagem que você presta aos nossos colegas ossos.

Prefácio ao *O pecado original*, de Rocha Ferreira*

Li estes poemas em circunstâncias muito especiais – na prisão, pelo crime de também fazer poesia. E li-os de pé, de passagem. Havendo aberto o volume ainda sem título para ver o que era, sem tenção de ler coisa nenhuma, meus olhos assimilaram o que vinha datilografado em azul no meio da brancura de neve duma folha de papel de linho; eram seis linhas sob o titulo: "Do pão milagroso". E passei à brancura seguinte. E fui de linho em linho até o fim – sem o perceber.

Pus-me depois a ponderar naquilo.

Que era aquilo e por que me prendera a atenção apática? E por que me deixara no ar, como que levitado, como é o efeito de certas bebidas? E compreendi. Era poesia. Era A POESIA.

Rocha Ferreira não é um compositor de versos por vontade própria, dos que dizem "Vou escrever um verso" e escrevem-no. É um orgânico emanador de poesia. Emana-a como o jasmim emana perfume – naturalmente, organicamente, *sem pensar*. Como a flor emana perfume, o poeta nato emana poesia, esse misterioso e indefinível estado d'alma que se chama poesia. Alguma coisa de Shelley e Keats que li me deu igual impressão. Eram coisas imponderáveis, sem sentido mental, lógico, matemático, como é o sentido na prosa – mas absínticas, que nos fazem destacar os pés do solo e pairar. Pairar, sim, é o termo.

* *Prefácio de 1944, publicado na 2ª edição. Nota da edição de 2009.*

E então compreendi o que é realmente ser poeta. É ser por natureza um orgânico produtor da indefinível sugestão a que chamamos poesia – sugestão que não visa a coisa nenhuma, que não quer provar coisa nenhuma, que é o mínimo possível da terra, tanto foge ao Espaço e ao Tempo. Levitação, levitação.

O pecado original de Rocha Ferreira é um livro de poesia.

Casa de Detenção, primeiros frios de junho de 1941.

Prefácio ao *Falam os escritores*, de Silveira Peixoto*

Silveira Peixoto era um simples repórter; mas quem tem talento e coragem de trabalhar nunca fica no mesmo ponto – e Peixoto começou a galgar todos os degraus da arte da reportagem, até que inventou uma novidade – uma espécie de turismo mental –, passeios através das nossas personalidades literárias. Subitamente desembarca de paraquedas sobre o freguês, vence as trincheiras da modéstia verdadeira ou falsa, atordoa com bombas de agradáveis gases as resistências sinceras e acaba fazendo o paciente render-se à sua discrição e – e confessar todas as suas peculiaridades mentais.

Esse esporte, Peixoto o começou como simples brincadeira, no início da vazante de assuntos dos nossos amordaçados jornais; mas o agrado com que o público lhe recebeu a novidade mostrou logo que aquilo era mais que brincadeira. Era o que realmente é uma inteligente investigação da mentalidade literária do Brasil de hoje.

Silveira obriga os homens de letras a deporem e a se autorretratarem em público e raso – e por mais que os retratandos se retoquem, o ar geral, a fisionomia certa, fica e fixa-se. E desse modo, sem aparentemente o pretender, vai, como um Ripley, construindo uma obra interessantíssima, dessas cujo valor crescerá com o tempo – como os vinhos.

* *Prefácio de 1941. Nota da edição de 2009.*

E assim engenhosamente abre o seu lugar na literatura brasileira, porque mais tarde nenhum estudioso ou historiador dissertará sobre ela sem basear-se nele – como hoje ninguém pode falar dos velhos sem citar, ou apoiar-se, em Inocêncio.

E Silveira Peixoto não perdoa a ninguém – nem a literatos incontinêntis que, por excesso de sinceridade, se beneficiam com retiros espirituais compulsórios. Pede-lhes um prefácio – embora já seja um nome que não se beneficia com um prefácio e sim dá honra ao prefaciador.

Casa de Detenção, 1º de junho, 1941.

Prefácio à *Sabedoria e o destino*, de Maurice Maeterlinck, o poeta do indizível*

Os fisiógrafos dividem a camada de ar que envolve o nosso planeta em atmosfera e estratosfera. A primeira é perceptível a todos os seres vivos. A segunda é adivinhada apenas pelos sábios.

Igual divisão observamos na camada de pensamento em que todos nós vivemos, como vivem os peixes na água; e há uma estratosfera mental, psíquica e metapsíquica de que todos os seres comparticipam inconscientemente, mas só algumas criaturas eleitas pressentem, sentem ou mesmo "sabem". É a zona por momentos atingida por certos poetas místicos (ou vaticinadores), por certos filósofos quase incompreensíveis pelo vulgo, pelos santos em êxtase, pelas criaturas sujeitas a certos estados do que a ciência chama alucinação.

Maurice Maeterlinck pertence ao grupo dos seres que "transcendem" – que passam além –, que mergulham, com visões ou intuições, na estratosfera do nosso mundo mental. E traduz essas visões e intuições ora sob forma poética, ora sob forma filosófica. A *Sabedoria e o destino*, entretanto, não é das obras mais características da feição peculiar desse grande... como dizer? Desse grande receptor, desse grande captador. Porque muito mais que um poeta ou filósofo ao tipo comum, Maeterlinck funciona como aparelho de altíssima sensibilidade na captação do "indizível" – como em *Le trésor des humbles*, ao estudar Novalis, Ruysbroeck e outros.

* *Sem identificação de data. Nota da edição de 2009.*

Dizer o indizível... Estranha a missão de certos homens. Vêm ao mundo predestinados a esclarecer-nos sobre os mil mistérios que a ciência positiva não cura – ou nega. Mas para essas tentativas de esclarecimento eles têm que usar "palavras", o grosseiro vocabulário que os homens foram constituindo para a simbolização das coisas materiais cá deste mundo baixo. Têm que usar palavras grosseiras e materialíssimas, mas dum modo que de sua associação resulte um eco, uma "significação em entrelinhas", uma verdadeira música do pensamento – e o leitor, se não é impermeavelmente materialão, "vai sentindo" vagamente o que o poeta-filósofo procura dizer.

Os amigos da clareza meridiana afastam e condenam estes órgãos da captação mental como "incompreensíveis" e "obscuros". Mas o leitor de sensibilidade mais fina a eles se apega, como o homem de temperamento musical se apega ao que chamamos "música". Porque é isso o que na realidade Maeterlinck é: um inspirado Beethoven da música do pensamento. O meio de lê-lo não é analiticamente, como lemos um livro de física; o meio de lê-lo é ir lendo como quem desliza num planador, e deixando que a música de pensamento que sai daquele seu jogo de palavras nos penetre como um fluido ou uma sonoridade distante.

Maeterlinck é um escritor para ser "ouvido", "sentido", "entrecompreendido", como uma coisa que nos vem da quarta dimensão.

Que é a quarta dimensão? Não sei. Ninguém sabe. Mas quem não sente a quarta dimensão? Sobretudo em certos momentos estratosféricos da vida – como os em que as almas amantes se percebem como que em estado de levitação – fora da atmosfera de todo mundo – mergulhadas no seio do Indizível...

Se me pedissem uma definição de Maeterlinck, eu respondia: é o poeta-filósofo que tenta dizer o Indizível.

Prefácio a *Uma revolução econômico-social*, de Otaviano Alves de Lima[*]

O caso do Brasil se agrava. Está o nosso país transformado numa espécie do *homme malade* da Europa, aquela Turquia do sultão Abdul-Hamid que durou tanto tempo. O *homme malade* das Américas é o Brasil. Acumularam-se de tal ordem os erros econômicos que chegamos à situação de hoje: até para essa coisa elementar que é a comida, nós, um país de mais de oito milhões de quilômetros quadrados de território com todos os climas, temos de recorrer ao exterior para não morrermos de fome. O pão de trigo vem de fora; vem de fora a fruta – maçã, pera, uva; vêm de fora doces e queijos – e até ovos, frangos... e café! Os americanos das bases aéreas do Norte tiveram, durante a guerra, de importar café de Cuba...

E agora que a Ditadura lá se foi e fazemos um esforço para nos governar decentemente, o que observamos nos programas dos vários candidatos à presidência é um verdadeiro caos de ideias, uma colcha de retalhos de medidas propostas – mas nada do que o país realmente requer. Há uma eterna confusão de efeitos com causas; a causa causadora de tudo, a *causa-mater*, essa continua obscura e nela ninguém toca. Quer dizer que estamos ameaçados, depois da República Judiciária que provisoriamente nos felicita, a entrar na República Novíssima com a mesma bagagem de erros e cegueira que nos torturou na República Velha, na República Nova e no Estado Novo. Esses er-

[*] *Prefácio de 1947. Nota da edição de 2009.*

ros são a causa da absurda situação a que chegamos: perpétua bancarrota, a dívida externa em contínuo aumento (pela contínua agregação dos juros não pagos ao montante do capital), 25 milhões da população – a rural – reduzidos a um estado de indigência como o da Índia. E a confissão tácita de que já não produzimos para comer. Aquele Brasil que outrora abastecia o Velho Mundo de açúcar e carne já não tem açúcar para o seu café, nem carne para o seu bife.

No caos de ideias tontas que por aí voejam, propostas pelos salvadores da pátria em seus programas de governo, aparece de tudo, menos algo evidentemente certo. Tenho a impressão de que só há no Brasil um homem que veja claro – um homem que há decênios vem pregando no deserto: Otaviano Alves de Lima. Seu esforço na tentativa de abrir os olhos aos nossos dirigentes levou-o a adquirir jornais e pô-los a serviço de ideias mais certas. As "Folhas" pregaram durante anos as ideias mais certas que a clássica economia política jamais conseguiu – mas em pura perda.

Otaviano Alves de Lima fez-se apóstolo duma ideia muito simples (e portanto invisível para o brasileiro): todos os males nacionais vêm dos nossos governos se meterem pelo caminho da "economia dirigida", como Hitler e o Duce o fizeram em ponto grande – e com o resultado que sabemos. O brasileiro ignora que a economia política é algo exatamente igual à economia interna do nosso corpo, ou o metabolismo, como se diz em ciência. E que é tão absurdo querermos dirigir de cá fora a economia do nosso corpo como dirigir o metabolismo do corpo social.

Não dirigimos economia nenhuma, nem a social, nem a do nosso organismo. SOMOS DIRIGIDOS POR ELAS. No dia em que nos capacitarmos disso, estaremos salvos. Nós, brasileiros, e o mundo. Porque com poucas exceções quase todos os países do mundo se debatem no inferno da economia dirigida. Dai provêm o mal-estar universal, as guerras e revoluções, a miséria das massas, a fome já hoje quase generalizada.

E que fazer para sanar tamanho mal? Abrir os olhos. Compreender que os bois têm que vir à frente, pois se vierem atrás ou de banda o carro não caminha.

O metabolismo do nosso corpo opera-se à nossa revelia, dentro da nossa mais absoluta inconsciência. As glândulas do nosso corpo são sapientíssimas, sabem o que fazem; dirigem-se por uma misteriosa sabedoria orgânica, que os crentes num Deus supremo chamam providencial. E se as deixamos entregues a si mesmas, vão elas com a maior regularidade e perfeição dirigindo todo o funcionamento do nosso corpo. As "correções" que o homem tenta fazer nas glândulas, às vezes, por acaso, acertam num ou noutro caso, e temporariamente; em regra são desastrosíssimas. Porque por mais vaidoso e orgulhoso que seja o saber humano, nada vale diante da ciência infusa das células e mais componentes do organismo animal.

E qual o meio prático, segundo Otaviano Alves de Lima, de conseguirmos no corpo social o mesmo funcionamento perfeito do corpo fisico? Deixar que os fenômenos da PRODUÇÃO se processem sem nenhum inepto intervencionisino governamental. Não há diferença entre a produção de hormônios e a produção de açúcar, arroz ou café. Se deixarmos em paz as glândulas e os produtores de cereais, não faltarão hormônios no nosso organismo, nem comida em nossas mesas. E, pois, temos aqui a regra de ouro: não tocar na produção, seja ela de hormônios ou de cereais. Que fique entregue ao sábio "providencialismo". Nada de glândulas dirigidas, nem de economia dirigida. *Laissez faire*.

Mas – alegam os confusionistas – há o Estado e as despesas do Estado. Como obter fundos para as despesas do Estado, sem taxar a produção ou sem "regular" a produção?

Essa imbecilidade equivale à do médico que dissesse: como funcionar o nosso corpo sem taxarmos a produção de hormônios das nossas glândulas, em vez de obrigá-las a fazer o que nós entendemos, em vez de deixá-las fazer o que elas por natureza fazem?

Sim, há a necessidade de obter recursos para o custeio dos serviços do Estado – mas arrancar esses recursos à produção é perturbar horrivelmente o metabolismo da sociedade –, e é o que quase o mundo inteiro, com maior ou menor inépcia, anda a fazer. E foi o que entre nós, com uma inépcia sem par, a Ditadura fez.

Mas não a condenaremos. Uma coisa enorme devemos à Ditadura: agravou a tal ponto os erros vindos de trás que esses erros foram se tornando evidentes. Um erro que se torna evidente é um erro que pode ser remediado. O perigo está nos erros inevidentes.

A Ditadura agravou sobretudo o velho erro da República Velha de taxar a produção. Taxar quer dizer embaraçar, restringir a liberdade da produção, inferiorizá-la, pô-la em posição subalterna na luta com a similar de outros povos.

A Ditadura amarrou o Brasil produtor com mil cipós. Deixou-o na situação de Gulliver quando, em seu sono, foi enleado de cordas pelos liliputianos. Mas as cordas dos liliputianos eram frágeis como a teia de aranha – e as cordas da "economia dirigida" da Ditadura revelaram-se peias de tucum, a mais rija das fibras nacionais. E, impotente para quebrar essas cordas, o Gulliver Brasil já mal consegue mover-se. Geme ressupino, em convulsões – e ouve os novos candidatos à direção do país esfalfarem-se no preconício de remédios que não curam coisa nenhuma. Ninguém fala em cortar as cordas...

Qualquer incidência de imposto na produção – e imposto não é só a taxa cobrada em dinheiro, e sim também a "regulamentação", o "contingentamento", a "direção estatal" etc. – equivale a amarrilho embaraçador.

Quando venceu a Revolução de 1930, Otaviano Alves de Lima lançou um programa profundamente sábio e simples – tão sábio e simples que os insignes paredros do momento não lhe alcançaram a sabedoria. Nas *Bases para um programa de reforma geral do sistema fiscal e tributário do Brasil*, ele acenou com três pontos apenas:

> 1º – Fazendo o Brasil parte integrante do mundo, e não podendo viver isolado, a primeira medida a ser tomada é a sua reintegração na economia mundial por meio da *supressão das tarifas protecionistas*.

Porque a tarifa protecionista só protege a incapacidade produtora, e o que protege a incapacidade afeta *ipso facto* a capacidade e põe o país em situação de inferioridade diante dos demais países capazmente produtores. O aperfeiçoamento é uma consequência da competição. Se eu amparo o produtor incapaz contra o capaz, estou impedindo que o produtor incapaz se torne capaz, isto é, progrida, aperfeiçoe-se.

2º – Sendo o Brasil um todo orgânico, nada mais absurdo do que perturbar a unicidade desse todo com a imbecilidade suprema dos *impostos interestaduais*.

E os impostos entre os estados, apesar de evidente e comprovadamente absurdos e antieconômicos, vieram da República Velha e ameaçam passar para a República Novíssima. Um boi acaso remetido por terra do Rio Grande ao Pará paga pelo caminho tantos impostos de barreira quantas fronteiras estaduais atravesse. Consequência: o Rio Grande não pode fornecer bois ao Pará.

3º – O *Privilégio da Navegação de Cabotagem* é outro ônus lançado contra a produção, pois encarece e embaraça o transporte dos produtos na passagem de um estado para outro, visto como transporta ao custo de 10 o que com a liberdade de navegação (e seu consequente aperfeiçoamento pela livre concorrência) podia ser transportado por 5.

Há umas tantas razões sentimentais e tolamente "patrióticas" para a manutenção do privilégio da cabotagem. Esquecem-se os nossos paredros de que em economia política não podem entrar sentimentalismo nem patriotismo, porque se trata dum fenômeno tão natural e incoercível como a "economia do corpo humano", ou como a "economia do universo". Imagine-se a imposição dum privilégio dessa ordem à lei da gravitação dos corpos celestes, que Isaac Newton formulou. Figuremos a lei da Oferta e da Procura entre os astros – isto é, a atração e a repulsão da matéria – alterada por injunções do patriotismo de Marte *versus* o patriotismo de Saturno, e assim por diante... Dislate.

Suprimidas todas as peias, retirados todos os óbices à livre circulação da riqueza (isto é, aos "produtos da produção"), tanto a criada dentro como a criada fora do Brasil, o brasileiro deixaria de ser a quantidade quase negativa que é como produtor e passaria a enriquecer-se.

Mas como, ou com que recursos, atender às despesas do Estado, que até aqui viveu da renda dos impostos sobre a produção? Resposta de Henry George: taxando a fonte da produção, e unicamente ela. Taxando exclusivamente a terra, com base em seu valor venal.

E Otaviano Alves de Lima cita o caso da Nova Zelândia, um dos países mais felizes e prósperos do mundo porque abriu a tempo os olhos e, abandonando a Economia Errada, adotou a Economia Certa. A ilha da Nova Zelândia, com uma população de menos de 2 milhões de habitantes, numa área menor que a do estado de São Paulo (275 mil quilômetros quadrados contra 290 mil) tem um orçamento estatal de 6 bilhões de cruzeiros, maior, portanto, que o orçamento do Brasil, com os seus oito milhões e meio de quilômetros quadrados e os seus 45 milhões de habitantes! A arrecadação fiscal da Nova Zelândia provém dum imposto único, 2% apenas, sobre o valor da terra independente das benfeitorias. A produção é absolutamente livre de qualquer espécie de taxa. E tão rica e próspera está a ilha que a sua contribuição na luta contra o Eixo revelou-se surpreendente. Nova Zelândia está salva, porque está certa.

No nosso caso o progama certo seria muito simples: desamarrar o país de todas as cordas peadoras da produção e taxar a terra nua de benfeitorias. Depois socializar, como fez a Nova Zelândia, os "serviços públicos" – estradas de ferro, portos, canais, telefones, luz, força. Deste modo, afinal liberado, Gulliver começaria a erguer-se e a ser o que é um homem sadio de pé. Porque o Brasil não passa dum homem doentio deitado – amarrado. Até a letra ingênua do nosso hino conta isso: "Gigante deitado em berço esplêndido". Forrado de paina esse berço? Não. Forrado de taxas e sobretaxas sobre a produção, isto é, sobre o triste trabalho do pobre gigante, o qual, tendo de trabalhar para viver, nem pôr-se de pé ainda conseguiu...

Quando, meu Deus, as ideias tão claras de Otaviano Alves de Lima – as ideias que ele prega desde 1930 – abrirão os olhos dos nossos salvadores da pátria? Quando um raio de inteligência penetrará na "selva escura" dessa gente prodigiosamente incompreensiva?

Ao tempo em que lidávamos para dar petróleo ao Brasil, isto é, para *produzir* o combustível líquido sem o qual não marcha hoje país nenhum do mundo, a imbecilidade, ou a desonestidade, dos nossos dirigentes criou uma coisa inédita na história: um imposto de 430 réis por litro da futura gasolina que por acaso viéssemos a produzir. Quer dizer que a insânia de taxar a produção chegou a tal delírio que antes de aparecer um produto já se cria o imposto tendente a asfixiá-lo! E de fato aquela taxa asfixiou o movimento pró-petróleo. Até o petróleo do Lobato, na Bahia, que Oscar Cordeiro descobriu e o governo surrupiou, está com a eventual gasolina dele a extrair-se taxada em 430 réis o litro – para que não haja alteração nenhuma nos negócios do *trust* estrangeiro que nos vende esse elemento vital para os nossos transportes...

Muito bem. Estas ideias que aqui resumo a galope, sobre a necessidade de não taxar nunca a produção, isto é, o trabalho do homem, e sim, e apenas, o valor venal da terra, acham-se amplamente expostas e esclarecidas no livro de Otaviano Alves de Lima, dado com o título de *Uma revolução econômico-social*.

A meditação dessa obra será de grande proveito para todos quantos desejam ver claro no problema econômico – um problema na realidade muito mais simples do que parece.

Prefácio de paraninfo na formatura de contadores de uma escola de comércio*

Rapazes:

Fizeram vocês um curso de contabilidade e agora recebem um diploma. De quê? De que estão habilitados a conduzir as contas dos negócios da gente comercial. Não invejo o vosso destino...

Vemos no mundo três tipos de atividade bem marcados. A do homem que produz coisas; a do homem que consome coisas, e a do intermediário que compra do produtor e vende ao consumidor. Um não pode existir sem o outro. Para chegar ao consumidor, o produtor tem de recorrer ao intermediário – e surge aqui a interessantíssima e formidável figura do comerciante. Já que as duas outras partes precisam dele, o comerciante se torna peça da máxima importância no jogo das relações humanas. Fica poderoso e abusa. Lesa o produtor e lesa o consumidor.

A arte do comerciante é das mais elementares, pois se resume num princípio que está na intuição do mais bronco vendeiro da esquina: comprar pelo mínimo e vender pelo máximo. Isto quer dizer: lesar o produtor adquirindo-lhe os produtos por preço abaixo do custo, e lesar o consumidor vendendo-lhe por cem o que comprou por dez. Vem daí que tanto o produtor como o consumidor consideram o comerciante como um ladrão, e olham-no com rancor. Mas dada a nossa organização social, ambos têm que fingir e aceitar o intermediário sem cara muito feia. O rancor não explode. Limita-se a suspiros.

* *Sem identificação de data. Nota da edição de 2009.*

Quando um produtor de tomates se vê forçado a entregar ao comerciante uma caixa de tomates por 5 mil-réis, preço que não lhe deixa nenhuma margem de lucro, faz o negócio, sim, mas remorde-se por dentro e suspira. Que significa esse suspiro? Desejo secreto de pendurá-lo na ponta de uma corda.

E quando na feira a dona de casa compra aqueles mesmos tomates a 5 mil-réis cada um, a pobre mulher também suspira. Suspira também por uma boa corda de linho...

E assim vai vivendo o mundo. E assim foi desde a mais remota antiguidade. A história conta como suspiravam por cordas os produtores antigos que tinham de entregar aos fenícios os seus produtos; e como também suspiravam os consumidores do Mediterrâneo ao adquirirem aqueles produtos.

A velha Fenícia desapareceu, nesse eterno parigato que é a história – povos que surgem, desenvolvem-se e morrem, eternamente se sucedendo uns aos outros. Mas os fenícios ficaram, e estão hoje ainda mais apurados que os seus avós. Ninguém sabe disso melhor do que a gente paulistana, já que temos a felicidade de viver numa plena ressurreição de Tiro e Sídon juntas.

Por necessidade de compensação psicológica, os comerciantes deram a si próprios o titulo de "honrados". Quando um morre, o necrológio dos jornais nunca deixa de tirar da caixa esse respeitável adjetivo: "Faleceu ontem o honrado negociante desta praça, senhor João José da Silva". Os leitores leem aquilo e suspiram...

Pois bem: o papel que o Destino reservou a vocês foi o de cooperar de duas maneiras com esses homens honrados. Uma, fazendo-lhes a escrita das operações de compra e venda; outra, "preparando-lhes a escrita".

Fazer a escrita duma firma é usar a arte da contabilidade de modo que a qualquer momento os patrões saibam a quantas andam, se estão ganhando ou perdendo. A contabilidade é a luz elétrica dos negócios. Sem ela tudo ficaria às escuras. E quanto mais perfeita, melhor. Casa comercial com mau guarda-livros é casa iluminada com lamparina de azeite; tudo fica penumbroso. Mas casa comercial com escrita perfeita equivale a casa iluminada com lâmpadas Edison de quinhentas velas. E como não há estabelecimento comercial que possa viver às escuras, ou em penumbra, não há negociante que dispense a colaboração dos contadores. Isso deu origem à classe de operários cujas fileiras vão vocês gostosamente engrossar.

Os honrados comerciantes vos pagarão um discreto salário, que vos permita a ingestão diária dum humilde feijão com arroz, a moradia em casa modesta de dois cômodos e o uso duns terninhos coçados. A característica predominante no aspecto externo dos contadores é o paletó coçado, surrado, sobretudo nos cotovelos. Isso porque a paga maior que vocês vão receber não se traduz em "vil metal"; aos honrados comerciantes repugna pagar-vos com tão sórdida moeda. Pagam-vos com outra muitíssimo mais nobre: a honra de serem os guarda-livros dos honrados negociantes desta praça, senhores Silva, Sousa & Cia.

Mas a Silva, Sousa & Cia. não bastam lâmpadas elétricas que lhes iluminem as operações de compra e venda. Essa iluminação é coisa exclusiva para os sócios da firma, o honradíssimo comendador João José da Silva, e o respeitabilíssimo senhor José João de Sousa. É o meio de ambos verem claro no negócio e corrigirem as falhas – esfolando ainda mais o produtor e o consumidor. Silva, Sousa & Cia. ainda necessitam do contador para a segunda função, a de "preparar a escrita", quando lhes faz conta uma honesta e respeitável falenciazinha. E este preparo da escrita é o oposto da iluminação: é obscurecer a escrita de modo que os futuros síndicos não entendam coisa nenhuma.

Oitenta por cento de vocês estão destinados a serem apenas lâmpadas iluminadoras – e portanto haveis de contentar-vos com o feijão com arroz e o paletozinho coçado, rustido nos cotovelos. Já aos 20% restantes caberá a mui nobre e alta função de "preparar escrita" – e estes terão belas recompensas, ótimos salários, gordas gratificações e nada de furo no cotovelo.

A moral manda que eu abrace comovido os futuros cotovelos furados e olhe carrancudo para a futura aristocracia dos 20%. Os primeiros nada terão neste mundo, mas o céu os espera de braços abertos, para cumulá-los de gostosas bem-aventuranças. Já os segundos descerão às profundas do inferno, de braços dados aos seus honradíssimos patrões. E lá continuarão a ter vida de regalos, porque Plutão, o deus do Hades, também usa escrita e sempre das preparadas.

Tendes, pois, diante dos olhos dois caminhos, um cheio de abrolhos, outro macio e todo flores. Mas não há escolher com livre-arbítrio. Quem escolhe é o temperamento de cada um, ou a terrível sogra chamada Injunção. E ao despedir-me de vocês eu aperto a mão dos 80% de futuros cotovelos furados. Para os restantes 20%, limito-me a piscar o olho esquerdo...

Carta-prefácio aos *Poemas atômicos*, de Cesídio Ambrogi*

Cesídio amigo:

Cá me chegaram os teus versos de revolta e esperança – e felizmente sem pedido de prefácio. É que, você sabe, estou proibido pelos médicos literários de dá-los, tantos dei para "gente do segundo *team*" na opinião do Mário Donato, em artigo no *Estado*, a respeito do meu *animus prefaciandi*.

Que sintoma grandemente curioso os teus *Poemas atômicos*!... Parece que estamos numa esquina da História. Fecha-se o longo ciclo da resignação do pobre e abre-se o das reivindicações.

Muito engenhosa a divisão das gentes do mundo em pobres e ricos – estes um punhadinho, aqueles um número incontável. Napoleão dizia que o maior milagre da História era os pobres não trucidarem os ricos...

O caso do pobre e do rico é o mesmo caso, em outro plano, do boiadeiro e da boiada. Dois, três boiadeiros tangem para o matadouro boiadas de centenas de cabeças.

Os boiadeiros de homens, os ricos, desde muito cedo atinaram com os melhores processos de conduzir a imensa boiada dos pobres. Meter-lhes na cabeça que o rico só o é aqui na Terra; depois que morre fica paupérrimo e vai arder na caldeira de Pedro Botelho. E, reciprocamente, o pobre só o é aqui; depois da morte fica riquíssimo das moedas da bem-aventurança, e por toda a eternidade!

* *O nome correto do livro é* Poemas vermelhos *e este prefácio é de 1947. Nota da edição de 2009.*

Lembro-me da parábola do Pobre e do Rico que li na *Seleta Nacional*, aí em Taubaté, no Colégio Americano, em menino. É a história dum rico que teve tudo neste mundo e dum pobre (creio que se chamava Lázaro) que só apanhava as migalhas caídas da mesa do rico. Afinal morrem ambos; Lázaro vai para o céu e o Creso vai para o inferno. E lá, naquele fogo sem-fim, o Creso erguia os olhos para o céu e implorava de Lázaro um pingo d'água, um só que fosse, pois "abrasava". Não ganhou pingo nenhum, e sim uma piada que já não me recordo qual foi.

Essa maravilhosa invenção, do céu para os pobres e do inferno para os ricos, valeu por um golpe de puro gênio. E Cristo ainda veio fortalecê-la com uma linda imagem literária: "É mais fácil um camelo passar pelo fundo de uma agulha do que um rico entrar no céu".

Graças à genial ideia, metida desde a mais tenra idade na cabeça dos pobres (eu tinha 10 anos quando tentaram embuti-la na minha), o rico perpetuou-se no gozo exclusivo das riquezas da terra. Ficava-se com o brevíssimo "momento" que é a vida rica neste "vale de lágrimas" (do pobre) e garantia a este toda uma "eternidade" de bem-aventuranças.

E o rico passou a subvencionar a religião como o instrumento ideal para a permanência do *status quo* ledo e cego; e ia se regalando sozinho com as riquezas da vida – riquezas, ai do coitadinho! – que inexoravelmente o levavam ao inferno...

E para complemento do ópio da religião, o habilíssimo rico ainda se armou com a compressão militar. Se o ópio não era bastante para manter o pobre no "seu lugar", a metralhadora vinha ajudá-lo. E a vida humana foi correndo assim até que...

Até que, cansado de ter tanta coisa no céu e nada na Terra, o pobre começou a abrir os olhos e a desconfiar. Desconfiar da tremenda generosidade do rico. "Quê?... Pois então conforma-se com uma eternidade de sofrimentos indizíveis nas chamas do inferno em troca dum brevíssimo momento de riqueza aqui? Hum!... Aqui há dente de coelho...".

O espetáculo que temos hoje no mundo é bastante claro. Os bois rebelam-se contra as boiadeiras e resolvem não esperar pelas boas coisas do céu. "Tudo está muito certo", raciocinam eles. "Os ricos vão para o inferno e nós para o céu, não há dúvida. Mas se ainda em vida também tivéssemos alguma coisa aqui na Terra?"

Semelhante raciocínio estragou tudo. A bela invenção dos ricos para manter o pobre no "seu lugar" já não produz os mesmos efeitos. O raio do pobre também quer tirar aqui na Terra a sua casquinha...

Todas as agitações políticas da atualidade não passam desse despertar do pobre e da inquietação do rico. A boiada está estourando, e já olha para os seus eternos boiadeiros com olhos muito diferentes. O boiadeiro fala em fazer coisas e mais coisas em favor do pobre. "Vou dar a vocês isto e mais aquilo, umas casinhas de madeira, e assistência médica de graça, e tal e tal." Mas o pobre, já com a desconfiança acesa, responde, nas revoluções e eleições, com o comunismo na Rússia, o socialismo em tantos países, o trabalhismo na Inglaterra etc.

A significação última desses movimentos é das mais claras. É o boi que diz ao boiadeiro: "Não te incomodes comigo, meu caro. Dispenso tuas casinhas de madeira e tua assistência médica. *Estou disposto a resolver por mim mesmo os meus problemas*".

A voz do pobre começa a erguer-se em toda parte, na Índia, na Indonésia e até no Brasil. Taubaté sempre foi um modelo de conformidade. Não necessitava de chanfalho, bastava-lhe o ópio – e sempre o teve da melhor qualidade. Pois não é que nesse seiozinho de Abraão a voz do pobre também começa a ressoar? Timidamente ainda, está claro, e em verso – mas voz. Os teus *Poemas atômicos* equivalem à "voz do pobre" pela primeira vez ressoada na terrinha clássica do bom ópio.

As tuas conclusões são sempre as mesmas:

Estamos na antevéspera da Grande Aurora,

Tu, homem do campo,
amanhã viverás tranquilo e feliz...

Tremei manipansos dos livros de cheque
e das caixas-fortes, tremei

O homem (isto é, o boi) está cansado de sofrer...
Não ouvem acaso?

Há um tropel soturno que se avoluma e cresce
no fundo da consciência de cada um de nós...

Amanhã,
dentro de um mundo novo, de paz e de justiça,
o homem será feliz.

Lentamente, mas inexorável e implacável
como o próprio destino,
está descendo sobre a Terra
o crepúsculo dos que enriqueceram criminosamente...

Não faz mal... A Justiça ainda há de descer sobre a Terra
e o homem pobre, que será exaltado,
receberá também o seu quinhão de felicidade.

Dentro da noite crescia o rumor esquisito
de um estranho tropel que abalava o silêncio e que vinha não se sabia de onde.

... porque só, dentro da noite insana, era ele, o homem rico, que, covarde,
começava a tremer.

Que quer dizer isso? Que até aí em Taubaté o boi da imensa boiada desperta e começa a meter medo nos boiadeiros. Nem mesmo Taubaté aceita como verdade absoluta a linda parábola que eu li na escola em 1892 e nunca mais me saiu da cabeça. Lázaro lá em cima, numa nuvem de gostosuras, e Rockefeller lá embaixo, ardendo como um tição aceso...

Meu caro Cesídio: este me parece que é o sentido de teus *Poemas atômicos*. Queres contribuir com um tijolo para a construção da "grande Aurora" e faço votos para que, senão tu, ao menos essa tua filharada linda assista ao triunfo do sonho e diga: "Bem que papai previu isto...".

Prefácio ao *Afinal, quem somos?*, de Pedro Granja*

Meu caro Pedro Granja:

Pede-me V. um prefácio para este livro e eu tremo! Não sei como abordar o antigo *undiscovered country*, já tão penetrado hoje, mas cada vez mais dilatado e incompreensível. *Afinal, quem somos?* é o título da obra, e já aí sofro o primeiro esbarro. Eu poria *Afinal, que somos?*. O "quem" da primeira pergunta indica que somos gente – mas seremos gente, Pedro Granja? Os horrores e Dachau e Buchenwald me deixam incerto. Talvez sejamos apenas coisas vivas. E neste caso a pergunta seria: "Que coisa, na ordem universal, é esse bichinho que ora se revela como São Francisco de Assis, a pregar amor aos peixes em vez de pescá-los, ora como aquela Irmã Griese que num campo de concentração nazista amarrava as pernas das prisioneiras grávidas, para que morressem nas dores horrendas de um parto impossível? Que coisa é esse estranho bichinho que aprimora a inteligência até ao ponto de desintegrar o invisível átomo, e depois vai com a bomba atômica destruir cidades habitadas por dezenas de milhares de irmãos inocentes de qualquer crime?".

O transformismo define esse vertebrado como um pouco de protoplasma que foi evoluindo em certo sentido, está hoje no estágio do *Homo sapiens* e continuará evoluindo enquanto houver no planeta condições para a vida orgânica.

– Ou enquanto as "invenções de morte" não puserem

* *Prefácio de 1947 incluído na edição das* Obras Completas de Monteiro Lobato *de 1955. Nota da edição de 2009.*

termo às guerras pela extinção total da raça dos combatentes – dirá alguém.

Sim, responde melancolicamente o filósofo, pensando nas armas, em suas etapas históricas. Caminhávamos a princípio lentamente. Do simples tacape inicial à flecha, quantos milhares e milhares de anos! Já foi mais curto o caminho da flecha à espada. Depois a progressão se fez geométrica: – arcabuz, colubrina, canhão, bomba aérea e por fim bomba atômica. Ora, a torneira da inventiva humana abre-se cada vez mais com a expansão da ciência; e como a progressão já está hoje geométrica, quem pode prever o que vai vir depois da bomba atômica? Esse tacanho troglodita que mora na alma humana, o Patriotismo, afana-se, em toda parte, no apuro de novas armas para a destruição dos que não pensam como ele. E estuda as possibilidades das "pestes dirigidas", horrendas como a do Ano Mil de negra memória; e estuda gases asfixiantes e outros. Mas como bactéria de peste ou gás mortífero são armas de dois gumes, das que podem voltar-se contra quem as maneja, o que hoje faz o Patriotismo esfregar as mãos, de contente, é a radioemanação!

– Que é isso?

Uma nova bomba atômica, cuja função não seja destruir pela violência do abalo, e sim originar tremendos focos de emanações radioativas mortais. Emanações imperceptíveis no momento, indetectáveis, de modo que o "inimigo" só as perceba quando começarem a surgir degenerescências de toda sorte, loucuras inéditas, dores nunca antes sentidas e mil outros horrores inimagináveis, que irão encher do mais puro deleite o Patriotismo da nação aplicadora. E assim até que outra nação invente, por exemplo, a Fulminite Relâmpago, que em vez de botar saltos de borracha em dez minutos, como o "Relâmpago" da praça da Sé, fulmine em dez minutos um país inteiro de cinquenta ou cem milhões de habitantes.

E num tal andar, numa tal "marcha celerada", com todos os Estados Maiores dispondo de todos os recursos financeiros das nações para o aprimoramento da arte militar, que é a arte de matar, o Patriotismo acabará deixando o planeta nu e calvo como a lua, sem o menor resquício de vida orgânica. E acabou-se o homem.

Será assim?

– Não! – responde você, meu caro Pedro Granja, e responde exaustivamente nas copiosas páginas deste livro. Porque as bombas, as pestes e a radioletalidade destroem apenas as casas, não destroem os moradores. Destroem as casas de tijolos, pedra e ferro das cidades, e destroem as "casas fisiológicas" em que moramos cada um de nós: – os nossos corpos. Mas não matam, não destroem os nossos "eus". O "eu" que assiste à destruição de seu corpo, dele apenas se afasta, como se afasta da gaiola o passarinho quando pilha a porta aberta. Perece a casa; o morador continua vivo e eterno, em sua eterna peregrinação evolutiva.

A Lei da Evolução é a mesma Lei de Deus dos místicos. Na Lei da Evolução não há princípio nem fim. Tudo se transforma eternamente. Tudo evolui na direção de um término, que é a Desintegração. A física atômica nos mostra o término do urânio, que com a desintegração dos átomos passa do estado de matéria para o de energia.

Mas a Desintegração não é um fim definitivo. Seja a de dois astros que se chocam e voltam ao estado de nebulosa, ou seja a dum corpo que passa do estado orgânico para o inorgânico, a desintegração não constitui término absoluto, sim apenas parada, estação de repouso. Tudo recomeça. A nebulosa vai lentamente se condensando para produzir novos astros. E a matéria inorgânica, que a química domina e manipula, passa de novo, ao sopro da misteriosa energia Vida, para o estado orgânico. E novas "casas fisiológicas" surgem, em que nossos "eus", vagos pelo espaço, invisíveis aos nossos olhos, vêm habitar de novo.

É o Eterno Retorno. É a Roda que tanto preocupava aquele "lama vermelho" do Tibete, do *Kim*, de Rudyard Kipling. É o Círculo Perpétuo.

A Lei da Evolução não segue uma linha reta infinita. Descreve um círculo em que todas as coisas retornam. Tudo que hoje é, já foi e será de novo no futuro, ou em sua forma atual ou em formas novas imprevisíveis.

Sundartará, a Ignorante, disse um dia a um "guru" seu amigo, que andava cheio de pensamentos de morte material: "Deves ver-te como de fato és: um espírito em roupagem terrena. A verdadeira pessoa, o 'eu' que és, não é esse teu corpo, como eu não sou este meu corpo – coisas frágeis e sofredoras. SOMOS ESPÍ-

RITOS IMORTAIS E DIVINOS. Fortes e inalteráveis. Sempre tendentes a melhorar, a aperfeiçoar, a apurar as nossas qualidades. Estamos neste momento em missão aqui na Terra, que não sabemos qual seja, mas que fatalmente será para o nosso bem".

Sundartará era uma bailarina indiana reencarnada, toda instintos e intuições, e o "guru" um sábio que ainda não alcançara o doce nirvana do perfeito ceticismo, pois ainda afirmava e negava. Julgava-se dominador de todas as ciências e artes – mas foi aprender a coisa suprema com a bailarina que nada sabia: "Somos imortais e divinos".

– E a missão?

– Uma só – evoluir.

E, pois, a intuição de Sundartará ensinou ao "guru", a um tempo, três coisas supremas – a Sobrevivência, a Divindade e o Fim.

– A Sobrevivência eu compreendo o que é, mas a Divindade?

– O *status* de Deus.

– E que é Deus?

– Uma emanação de nós mesmos em nossa totalidade espiritual. O Deus comum, antropomórfico, feito à imagem e semelhança do homem, é uma criação tão pobre que faz sorrir. Não há qualidade ou defeito humano que esse Deus não tenha. Vemo-lo odiento como um racista, no feroz Jeová bíblico. Aparece sadista como um Inquisidor dominicano, no Deus de Filipe II. E no Moloch dos cartagineses temo-lo como precursor dos "maestros de tortura" de Buchenwald.

A ciência ensina, com a tremenda rigidez de quem diz e prova, que o Deus comum, e ainda universal, é puro antropomorfismo. É uma idealização do homem com todas as suas qualidades e defeitos. Até sexo esse Deus tem, porque saiu do misticismo do macho humano e o macho humano sempre puxou todas as brasas para a sua sardinha. E tem figura humana, porque o homem nada pode conceber acima ou além de si próprio. Fossem os homens leões, e Deus teria majestosa juba. E se os homens fossem minhocas, Deus seria um minhocão. A Divindade Suprema entre os negros da África tem a pele negra: já os demônios africanos são alvos de pele e louros. Na multiplicidade da ideia que fazemos de Deus, persiste irredutível o antropomorfismo, como persistiria o lombricimorfismo, se fôssemos minhocas.

O Deus dos espíritas é feito estritamente à imagem dos diretores de "sessões de caridade".

Esse Deus dos espíritas é um em Allan Kardec, o transformador do cristianismo em espiritismo. Já varia um pouco em Flammarion, o astrônomo que na gravitação das esferas via o desígnio dum Jongleur Supremo. E é outro para a massa dos frequentadores das sessões espíritas, que recebem com sinceríssimos "Graças a Deus!" qualquer coisa inabitual que aconteça. Se numa sessão de "fenômenos físicos" a força do médium faz que a corneta ou o pandeiro fosforescentes se ergam no ar em levitação, o coro de "Graças a Deus!" que sai de todas as bocas é a própria unção vocalizada.

Para aquela gente ali reunida, Deus ainda é um Ditador Invisível, Onipotente e Onisciente, relembrativo dos deuses da Antiguidade. Estes não sabiam viver sem a permanente fumigação de suas celestiais narinas com o cheiro de carne assada dos animais queimados nas aras de sacrifício. Ou do sangue quente das vítimas. Eram eminentemente olfativos. O Moloch de Cartago dava preferência ao odor dos assados infantis. No *Nazareno* de Scholem Asch há uma prodigiosa descrição duma cena sacrificial de crianças. O Deus católico da Espanha de Filipe II queria a fumaça dos judeus e mouros torrados no "Quemadero" de Sevilha.

O Deus moderno dos espíritas já é um Deus de Bondade e Infinita Misericórdia. É antropomórfico, porque bondade e misericórdia são qualidades humanas. E ainda não de todo liberto da marca antiga. A famosa prece de cáritas aparece em muitas sessões recitada com uma pequena alteração típica: "Ó Tu que podes com um sopro abrasar toda a terra".[1] O prestígio de Jeová ainda transparece nesse Deus com possibilidades abrasadoras. E portanto cumpre adorá-lo e temê-lo, e mantê-lo afastado de qualquer irritação por intermédio de contínua lisonja. Daí o coro de "Graças a Deus!" humílimos e sinceríssimos, arrancados do imo da alma. Para o filósofo, esse coro não é mais que a evolução da fumaça e do sangue dos sacrifícios, ou da medrosa

[1] *Forma original: "Deus! Um raio, uma faísca do teu amor poderá iluminar a Terra" – Prece de Cáritas. Nota da edição de 1955.*

genuflexão do servo diante dum perigoso Gêngis Khan onipotente, com a máscara da bondade no rosto.

Mas a ciência e a filosofia vão lentamente invadindo os domínios teológicos e aperfeiçoando a ideia de Deus. Para alguém Deus não passa de uma soma, ou fusão das consciências dos nossos "eus" desencarnados, que já tenham alcançado o mais alto grau da evolução que lhes é própria. Quer dizer que a Lei da Evolução alcança também Deus. Leva Deus, do odiento Jeová bíblico, a uma espécie de generosa e larga Opinião Pública Universal. Uma espécie de Consciência Cósmica, formada pela fusão de todas as consciências individuais já livres da roupagem terrena e já numa altíssima "estação de repouso" do processo evolutivo.

Nas sociedades humanas temos a Opinião Pública – voz da nossa Consciência Coletiva – voz de uma soma. Quando o desvario alemão permitiu o crime de Hitler, essa consciência coletiva se ergueu e "abrasou" a Alemanha, como Jeová abrasou as cidades de Gomorra e Sodoma.

De degrau em degrau esse Deus Social ascende a Deus Universal. Os nossos "eus" desencarnados e já em altíssimo estágio de evolução fundem-se num Todo Divino. Numa Consciência Universal.

O Deus antropomórfico está ligado à ideia de "criação" porque o fenômeno da criação biológica está aqui no planeta sempre esfervilhando em nosso redor. Vendo o contínuo nascer de seres novos, o homem esquece o princípio de Lavoisier e imagina um Pai, um Criador Supremo. Mas Lavoisier disse que "nada se cria, nada se destrói, tudo apenas se transforma". A ideia de que "nada se cria" implica a não-existência de "criação". E, pois, também, a de "criador". *O Universo não foi criado, sempre existiu.* E não será destruído, porque "nada se destrói". Apenas evoluirá eternamente. Lavoisier o disse e fechou a questão. Ainda não apareceu argumento nenhum que aluísse essa fortaleza.

– E o rádio? A destruição da matéria pela radiação?

– Não há aí destruição da matéria. A física atômica mostra que a matéria apenas se transforma em energia, isto é, evolui para energia. E é da energia que sai a matéria. O Eterno Retorno, o Círculo...

– Com que então Deus...

– ... está subordinado à Lei da Evolução. É uma Superconsciência Universal que evolui, e da crueldade que foi no tempo de Jeová, de Moloch, de Baal, do deus de Filipe II, já é hoje o Deus de Bondade e Infinita Misericórdia dos espíritas. Mas ainda "criador", "pai" – restos do antropomorfismo.

Nós, "eus", somos – propõe o filósofo – uma diluição de Deus no Universo, uma dinamização de Deus, porque é com a nossa evolução individual que, no fim, contribuímos para a formação do Deus Total, como o pequeníssimo pólipo dos mares da Oceania vai, lentamente, inconscientemente, numa pacientíssima concreção calcária, formando a gigantesca ilha de coral.

Deus: resultante última da evolução dos nossos "eus" depois de soltos das nossas atuais gaiolinhas fisiológicas e depois de galgados todos os degraus da Metempsicose.

– MAS, AFINAL, QUEM SOMOS?

Você responde neste livro a esta pergunta, meu caro Pedro Granja, ao mostrar-nos o gigantesco esforço dos espíritas, esses cegos que não se conformam com a cegueira, esses aleijados que tentam apalpar, esses surdos que tentam ouvir, por intermédio dos olhos, do tato e dos ouvidos interiores da mediunidade. Desse sexto sentido, ou o que seja, que certas criaturas possuem, e por meio do qual tentamos a ligação do passarinho ainda dentro da gaiola com os passarinhos já fora da gaiola, que, livres do estado orgânico, vivem a vida de ondas hertzianas pelo espaço imenso. Ondas hertzianas dotadas de inteligência, consciência e memória...

O assunto é grande demais, meu caro Pedro Granja, e como posso eu, pretensioso átomo dos mais ínfimos – átomo só convencido de que nada sabe e nada pode saber –, prefaciar um livro que é um quadro imenso da nossa cegueira e da nossa impotência, nesse desesperado esforço dos vivos para VER O QUE É INVISÍVEL E COMPREENDER O QUE É INCOMPREENSÍVEL?

Dez de novembro de 1947.

ENTREVISTAS*

* *Na edição de 1946, das* Obras Completas de Monteiro Lobato, *as entrevistas não estão datadas. Na edição de 2009 apurou-se essas informações e as datas foram incluídas. No entanto, nem sempre foi possível chegar a uma data precisa.*

O Brasil às portas da maior crise da sua história*

Na sala silenciosa, o busto alteado na cadeira de balanço, os olhos brilhando para a nesga de céu entrando pela janela semicerrada, Monteiro Lobato falava. Falava firme. Cético às vezes, mas firme. E livre. Nada de questionários, com perguntas adrede preparadas. A liberdade há pouco conquistada pela imprensa não justificaria mais pensamentos sufocados, vírgulas controladas, paisagens retorcidas por temores e ameaças.

A riqueza da conversa, na tarde inteira, ia enchendo as mãos vazias do repórter. Era um desfile de desabafos, de confissões, de críticas, de observações agudas. Monteiro Lobato estava falando para as crianças que lhe pediram para não parar de dar a sua prosa, quando a sua boca estava tapada pelos socos do DIP. Estava conversando para os homens de amanhã. Seus olhos voltados para a nesga do céu, lá no alto, vivos e brilhantes sob o traço negro dos cílios; sua boca sorrindo maliciosa, um sorriso sadio de dentes brancos, e as palavras vindo fortes e firmes, num entusiasmo, numa vibração pelo mundo de amanhã, que arrebatavam e comoviam. Era mesmo o Jeca Tatu, protestando e observando. Fazendo um pequeno comício para o auditório adivinhado pela janela entreaberta. O povo estava ouvindo o seu escritor predileto a falar de seus problemas. Povo infeliz, porque é de 99 pobres para um rico. E cheio de doenças, de bichos, de ignorância. Por isso, a raiva daquele espírito esclarecido, que não compreendia,

* *Entrevista dada ao* Diário de S. Paulo, *ao repórter Tulman Neto, em março de 1945. Nota da edição de 2009.*

não podia compreender como num país tão poderoso se morria de fome, de bicho-de-pé, de jogo de bicho. Compreendia, sim. Faltava-nos inteligência. Homens de inteligência para junto com o povo solucionar problemas de todos e não os daqueles que estavam no poder, dos seus amigos e parentes. A inteligência estava no calcanhar e devia caminhar para o cérebro. No seu devido lugar. E Lobato falou.

– Que coisa difícil e inútil, meu caro! Que adianta ao mundo saber como um certo sujeito pensa em dado momento histórico? Os políticos andam aí a tomar o espaço dos jornais e eles sabem agir. Consultados, dizem o que convém dizer, não o que pensam. Seria muito interessante o cotejo do que os homens políticos realmente pensam com o que declaram nos jornais. E eu compreendo isso. Nada mais perigoso e inútil do que um homem dizer o que pensa...

– Mas como Monteiro Lobato não é político, talvez possa dizer ao público o que pensa.

– Pois, vá lá. Vou arriscar-me a isso mais uma vez, já que tenho o mau hábito de dizer o que penso, em vez do que convém dizer, como o *Homo politicus*.

E Monteiro Lobato afinal falou com o coração nas mãos, com aquela sinceridade a que já nos afez:

– Penso que estamos atingindo o apogeu da inflação, da maior inflação jamais ocorrida em nossa história; e que, portanto, teremos que aguardar o fenômeno reverso: a maior deflação ou a maior crise da nossa história. Por inflação não entendo apenas a inflação monetária, esse tremendo derrame de papel-moeda sem nenhuma garantia lastro e, pois, condenado a ir-se depreciando como o antigo marco alemão. Entendo todas as inflações a que o regime ditatorial nos arrastou: a inflação da mentira sobre nossas condições reais – econômica, social, moral, fiscal, política, administrativa etc. Há anos que a imprensa dirigida vem mantendo toda sorte de mitos sobre tudo quanto se passa entre nós – e num crescendo, isto é, numa inflação. Ora, a vida humana é regida pela lei do ritmo: depois da maré montante, a maré vazante – depois das trevas, a luz – depois das vacas gordas, as magras – depois da inflação, a deflação, ou crise. Crise econômica, crise financeira, crise da mentira oficial ao choque da verdade – crise de tudo. E a maior por que já passou este país de Álvares Cabral.

Crise tão grande que ninguém pode, em boa consciência, prever o que sobrevirá. Nem Nostradamus...

– E da inflação monetária, que é que pensa?

– A guerra de 1914 nos mostrou o que é a inflação e o que é o correspondente fenômeno da deflação ou crise, o qual sobreveio tarde, anos depois de finda a guerra. Eu estava nos Estados Unidos por esse tempo e vi bem de perto a derrocada que principiou na Bolsa a 29 de outubro de 1929 e se propagou como um terremoto pelo mundo inteiro. Todas as situações políticas dos países americanos vieram abaixo, com exceção do Canadá. Nos Estados Unidos caiu nas eleições o Partido Republicano, na América Latina foram derrubados por movimentos revolucionários todos os governos, inclusive o nosso. E os preços de tudo, tão elevados na inflação, caíram a níveis miseráveis. A ruína do devedor foi geral. E o mundo ainda não estava de todo saído da horrenda crise quando a guerra atual rebentou.

– Acha então que depois da guerra atual vai sobrevir outra crise como aquela?

– Oh, não! Como aquela, não. Vai sobrevir uma crise cem, mil vezes pior, porque a inflação e a destruição de riquezas foram, ou estão sendo, cem, mil vezes maiores. Na deflação última caíram apenas os governos e as situações poíticas dominantes; só na Rússia caiu também a Ordem Social. Mas a crise que vai sobrevir depois da guerra em andamento é de tal vulto que talvez só na Inglaterra e nos Estados Unidos a Ordem Social existente suporte o choque. O quase certo, na Europa e na Ásia, por exemplo, é a passagem da Ordem Social Capitalista para a Ordem Socialista, mais ou menos como na Rússia.

– Por quê?

– Porque a destruição de capital foi e está sendo tão grande, e os impostos de guerra e outros subiram tanto, e queimaram-se tantas reservas, e sacou-se tão a fundo contra o futuro por meio de toda sorte de empréstimos voluntários e forçados que a Ordem Capitalista, já sem meios de reparar as brechas e rombos, terá que aluir, com exceção temporária dos dois países citados. A inflação atual não passa dum tremendíssimo saque contra o futuro. Ora, quando as dívidas ficam muito grandes tornam-se impossíveis de ser saldadas e vem o cancelamento revolucionário. O Estado tomou tudo dos capitalistas presentes e futuros – ficou devendo e não vai pagar, pela simples razão de que não poderá pagar.

– Aqui entre nós também?

– Claro que sim. Temos os empréstimos forçados e as emissões, as quais não passam duma forma de empréstimo forçado. Os capitalistas que tiveram de dar seu dinheiro ao governo não verão juros nem amortização; e nas mãos do povo o papel-moeda largamente emitido irá perdendo o valor, sob forma de alta dos preços de tudo. Toda gente sairá perdendo.

– Por que diz que os capitalistas que deram seu dinheiro não verão os juros nem a amortização?

– Porque o governo não tem recursos para tanto, nem tem de onde tirá-los. Como vive o governo hoje? De dívidas novas, de mais saques contra o futuro – e pois elevando o preço de tudo ou derrubando o valor da moeda, o que dá na mesma. Se o governo não pode pagar nem os juros da velha dívida externa, como há de pagar os juros das novas? A nossa situação é de completa bancarrota, já que a bancarrota se caracteriza pela suspensão dos pagamentos devidos. Eu pergunto: como vai o nosso governo arranjar dinheiro? Emitindo mais e mais, como os alemães depois da guerra passada? Essa experiência já está feita e sabemos no que desfecha. Ora, como o recurso às emissões tem um limite, assim que esse limite for alcançado a inflação chegará ao fim e começará a derrocada – a maior derrocada econômica da nossa história.

– Acha então que a Ordem Social lá fora e aqui será afetada?

– Sinceramente acho. A Ordem Social vigente está condenada por iníqua em extremo, e talvez o fenômeno da guerra atual não passe dum inconsciente processo de liquidação. Isso lá fora. E aqui entre nós o grande mérito da ditadura foi levar as coisas a um tal ponto de tensão que também aqui a Ordem Social será afetada – essa velha Ordem Social que vem desde os nossos começos e chegou ao absurdo de manter o país com um terço da sua população fora da lei.

– Que história é essa?

Monteiro Lobato abriu um folheto de capa amarela intitulado *Libelo da gleba*, da autoria de Robespierre de Melo, e mostrou-nos uma decisão do Conselho Regional do Trabalho de Belo Horizonte, na qual se nega justiça a um jeca do município de Rio Novo, nos seguintes termos: "O trabalhador agrícola não está sob a proteção da legislação social-trabalhista brasileira".

– Ora – continuou Lobato –, quantos trabalhadores agrícolas há neste país? De 12 a 15 milhões – e estão fora da lei!... A nossa Ordem Social baseia-se na miséria, na penúria, na quase nudez e agora até no *outlawing* desses milhões de homens que produzem tudo quanto comemos e vendemos no exterior. A situação desses homens é exatamente a mesma dos felás do Egito, que morriam de miséria nos trigais das margens do Nilo para que os privilegiados de Alexandria e outras cidades vivessem na abundância. E se a esse pedestal jecoide juntarmos o nosso operário urbano, que também passa fome, teremos o quadro esquemático da nossa Ordem Social: uma massa imensa de carne dolorosa a sustentar umas tantas toneladas de carne gorda, feliz, contente – os ricos e abastados, eu, você, todos nós. Mas isso está no fim. Foi para atender a essa situação, que é geral no mundo, que o sonho socialista surgiu.

– É socialista?

– Não sou coisa nenhuma além dum observador da história. Olho, vejo e digo o que vejo – só, mais nada. Para que ser alguma coisa? A história me mostra o seguinte. Depois de bem verificado que dentro da Ordem Social com que o mundo emergiu da Idade Média o bem-estar e a felicidade eram privilégios de 1% das criaturas, às 99% restantes só cabendo trabalho de sol a sol, fome, miséria e doenças, nasceu nos corações generosos o sonho duma ordem social nova em que a felicidade coubesse ao maior número – e esse sonho se corporificou no que chamamos socialismo. Mas os dominantes, os donos do governo e da Igreja, os privilegiados de todos os tipos, os senhores do mundo, imediatamente condenaram o grande sonho. Por fim houve da parte dos privilegiados uma concessão: eles aceitaram o socialismo como uma linda utopia acadêmica. Os idealistas da reforma social podiam pregar suas ideias em jornais e livros; podiam formar partidos e levar deputados aos parlamentos. Podiam em conferências e aulas debater livremente suas teses. Podiam, em suma, fazer tudo quanto fosse palavrório. Só não podiam uma coisa: fazer a experiência do socialismo em qualquer ponto do globo. Ah, isso nunca!...

– Por quê?

– Porque é a experiência que decide de tudo neste mundo; e se houvesse uma experiência socialista bem-sucedida em qualquer parte do mundo, todos os povos seriam arrastados a repetir aquela experiência e ai da ordem social dominante! De modo que a coisa ficou assim: "Discutam lá à vontade quanto socialismo quiserem, mas não me saiam do terreno do palavrório. Experiências não admitimos". Quando no fim da Guerra Franco-Prussiana Paris tentou a experiência socialista da Comuna, Thiers, o feroz catatau representante da Ordem Vigente, fuzilou setenta mil operários.

– Que horror!...

– Pois é, meu caro. E as coisas permaneceram assim até que depois da guerra de 1914 ocorreu um dos acontecimentos mais decisivos da história: em consequência da derrota e do caos, os idealistas da Rússia conseguiram tomar conta do poder e pela primeira vez no mundo iniciar uma experiência socialista em grande escala, num país de duzentos milhões de habitantes, com território do tamanho dos Estados Unidos e do Brasil juntos. A reação da Velha Ordem em redor da Rússia foi imediata e violentíssima. As grandes potências tudo fizeram para "atrapalhar" a experiência russa; gastaram milhões de libras para armar exércitos de russos brancos que atacassem os russos vermelhos, na esperança de impedir a experiência.

– Mas não era mais natural que esperassem pelo resultado da experiência antes de condená-la?

– Sim, isso seria o filosófico – mas quando as potências deste mundo agiram filosoficamente? O razoável, o científico, o filosófico era acompanharem com o maior interesse a experiência, a fim de se aproveitarem dos resultados, positiva ou negativamente – mas havia um medo, meu caro...

– Que medo?

– Havia o medo de que a experiência desse bom resultado.

– Não entendo...

– Sim, se a experiência provasse bem na Rússia, como iria a Velha Ordem impedir que o resto do mundo fizesse o que a Rússia fez? Eis o ponto nevrálgico da questão.

– E que acha da experiência russa?

– No começo houve muito horror, muito erro, uma verdadeira hecatombe; mas os experimentadores foram modificando o regime, adaptando-o às contingências da natureza humana e afinal conseguiram uma situação de equilíbrio e eficiência na verdade maravilhosa. O que a Rússia fez nesta guerra, e o que está fazendo na ciência, na educação e em todos os setores da vida humana é o maior dos milagres modernos – e essa vitória da experiência russa, meu caro, não pode mais ser ocultada aos olhos de todos os países: está aí a crise do mundo. Não há país que vagamente não queira repetir em sua carne a experiência que o russo fez, a princípio com dor, finalmente com sucesso pleno. E como hão de os privilegiados do mundo – o 1% – conter os desejos, os ímpetos, a avalanche, dos 99% da humanidade?

Lobato fez uma pausa. Depois continuou:

– A história nos mostra uma coisa muito interessante: a perpétua vitória dos idealistas sobre os realistas. Por mais que os persigam, os idealistas acabam vencendo. Os idealistas no tempo dos romanos chamavam-se "cristãos"; foram perseguidos da maneira mais atroz; eram difamados, dados como bebedores de sangue de crianças e capazes de todos os crimes; e foram lançados às feras e às fogueiras. Quem venceu? A Gestapo dos Césares ou eles? Eles – e mais tarde o mundo passou a venerá-los como "mártires". Eram os "comunistas" da época. Depois, na Idade Média, o "comunista" passou a ser "herege", isto é, o homem que tinha a bela coragem de não se escravizar aos dogmas no poder; não houve infâmia que não caísse sobre a cabeça dos "hereges", e lá iam eles para as masmorras e fogueiras – mas eram os idealistas daqueles tempos e venceram. Hoje nós os veneramos como os mártires da ciência ou da liberdade de opinião. Depois tivemos os "abolicionistas", ou aqueles ideólogos que combatiam aqui nas Américas a escravidão dos negros africanos. Eram os "comunistas" dos Estados Unidos do tempo de Lincoln e cá entre nós do fim da monarquia de Pedro II; não havia gente mais difamada e perseguida; John Brown morreu na forca. Hoje são honrados e glorificados como grandes homens. Pois bem, o idealista de hoje chama-se "comunista" e é olhado do mesmo modo que os romanos olhavam os primitivos cristãos ou a gente medieval olhava os hereges, ou as nossas avós escravocratas olhavam os abolicionistas. E assim como a Gestapo romana lançava os cristãos às feras do circo, e a Gestapo medieval queimava os hereges em fogueiras, e nos Estados Unidos usavam o *tar and feathers* contra os abolicionistas, assim também a nossa Gestapo nacional chegou até ao arrancamento das unhas durante a sua campanha de "repressão" ao comunismo – e com pleno aplauso dos conservadores.

E Lobato narrou uma impressão pessoal de seu tempo de cadeia.

– Conheci na detenção um comunista de terrível fama. Ao porem-me junto com ele avisaram-me de que se tratava dum homem perigosíssimo, verdadeiro monstro etc. Não tive medo. Aceitei a companhia do "monstro" e com ele passei num apartamento da Prisão Especial mês e meio. Chamava-se José Crispim. Um modesto operário – mas que alma grande, que imenso coração, que nobilíssima inteligência! Crispim não falava de si, só queria conversar de ideias e grandes ideias. E estudava a economia brasileira. Quando obtive que Roberto Simonsen lhe mandasse a sua *História econômica do Brasil*, com que gosto, com que sorriso de prazer imenso, ele lia aquilo na cama, de barriga para baixo! Nunca um romance de ficção deleitou tanto um leitor. Crispim não tinha crime nenhum. Estava preso porque em sua casa foram encontrados livros sobre a Rússia – essas mesmas obras que hoje andam à venda em todas as livrarias. Mas a ditadura, então empenhada em criar mártires, havia agarrado Crispim. Estava a processá-lo. Mais tarde vim a saber que fora condenado a 8 anos de prisão... Oito anos pelo crime de querer instruir-se e ter livros em casa! E ainda cumpre pena o meu grande Crispim. Tomem nota desse nome. Será um dos grandes nomes do dia de amanhã – e eu aqui declaro que perto dele me sinto tremendamente pequenino...

– Segundo a sua lógica, todos estes perseguidos de hoje serão os heróis de amanhã.

– Claro que serão. Depois da inevitável vitória do socialismo no mundo inteiro, e portanto aqui também, esses "comunistas" perseguidos serão honrados pelos nossos pósteros como verdadeiros heróis e mártires – e com razão, porque o que está fazendo a ideia socialista caminhar é justamente o martírio desses homens.

– Acha que a repressão é inútil?

– Ao contrário. Acho-a utilíssima para propagar uma ideia;

se não fosse a perseguição dos humildes seguidores de Cristo em Roma, não teríamos o cristianismo; se não fosse a queima dos hereges, não teríamos a ciência e a liberdade de pensamento; se não fosse a tragédia dos abolicionistas, não teríamos o Treze de Maio. É graças aos comunistas hoje a apodrecerem nas cadeias que a realização do sonho socialista se aproxima. Os governos conservadores trabalham eficientissimamente na propagação das ideias que eles mais condenam. Não sei quem foi que disse: IDEIA PERSEGUIDA É IDEIA PROPAGADA: PERPÉTUA LEI DO MUNDO MORAL, PERPETUAMENTE ESQUECIDA PELO PODER. O único homem que hoje no Brasil seduz milhões de almas e é capaz de uma imensa atuação social, quem é? Dutra? Gomes? Vargas? Não. Chama-se Prestes esse grande homem de hoje, esse homem que seduz da maneira mais estranha a imaginação do povo. Por quê? Porque foi perseguido, porque sofreu durante 11 anos o horrendo suplício da incomunicabilidade e sublimou-se.

– Então pensa assim de Carlos Prestes?

– Acho que a grande coisa que a ditadura de Getúlio Vargas fez, e pela qual temos de lhe ser gratíssimo, foi preparar Carlos Prestes para a sua grande missão por meio dum longuíssimo martírio. Se o Cavaleiro da Esperança já tanto seduzia a imaginação popular ao tempo da Coluna Prestes, hoje a magnetiza da maneira mais impressionante – e até se tornou figura internacional.

– E a guerra? Que acha da guerra? Quem vai realmente vencer?

– Vejo três vitórias na guerra em curso. A Inglaterra obterá a Vitória Moral, porque nunca um povo se mostrou tão nobre e forte. Os Estados Unidos obterão a Vitória Comercial, porque nunca um país terá ficado mais senhor de todos os mercados do mundo. A Rússia obterá a Vitória Política, pois daqui por diante não se dará mais um só passo político sem ter em conta a Rússia ou sem o placê da Rússia. Acabamos de presenciar isso aqui. A um gesto da Rússia o nosso nazismo murchou como balãozinho de elástico, e vai vir a anistia para os condenados por crime ideológico, e o nosso regime vai reconhecer o governo soviético – esse mesmo governo que meses antes não podia nem sequer ser mencionado nos jornais.

– E que acha do...

– Espere! – exclamou Monteiro Lobato interrompendo-nos. – Já falei demais. Entrevista muito longa ninguém lê. Basta.

Inglaterra e Brasil*

Pouco antes *de sua prisão e condenação pelo Tribunal de Segurança, a BBC de Londres pediu a Monteiro Lobato uma fala a ser irradiada. Como o fascismo dominante no governo andava por esse tempo a ponto de romper com a Inglaterra, muita gente atribuiu a condenação de Monteiro Lobato mais a esta fala do que às razões produzidas no tribunal.*

Entre os poemas de Rudyard Kipling um há deveras impressionante, em que o poeta retraça o caminho do homem perfeito – ou do estoico moderno. Duas letras formam-lhe o título: *IF* – ou, em português, a condicional SE. *Se puderes manter tua calma... Se puderes sonhar sem que te desvie o sonho... Se, heroico, jogares todos os teus haveres num só lance... Se puderes aceitar o triunfo ou o fracasso sem as distinções que os separam...*

O poeta enumera todas as condições adversas a que deve resistir um homem para que, em triunfo, "*possua a terra com seus frutos e – o que é mais – seja verdadeiramente Homem*".

Por uma estranha premonição, esse poema, muitos meses antes da guerra, veio à balha no Brasil e começou a ser traduzido, numa verdadeira competição de habilidade, por vários poetas e não-poetas. E – mais ainda – foi luxuosamente impresso em papel pergaminho, emoldurado e pendurado em inúmeros gabinetes de estudo, bibliotecas e escritórios. Jornais e revistas analisaram-no em suas colunas. Era a primeira vez no Brasil que uma poesia

* *30 de dezembro de 1940. Nota da edição de 2009.*

de fora era tratada assim – e, que saibamos, nenhum poema nativo jamais fez jus a tantas honras.

Súbito, a guerra deflagra – e o mundo entra no maior pesadelo da História. Um a um os aliados da Inglaterra vão caindo, até que, com assombro universal, sobrevém o sinistro desmoronamento da velha França. E a Inglaterra, cuja defesa se esteava num jogo de peças do tabuleiro de xadrez europeu, se vê completamente sozinha em sua ilha, forçada a resistir ao gigantesco choque de todos os recursos bélicos do continente concentrados na mais cruel das mãos.

O mundo ficou em suspenso. A longa vida de vitórias do povo inglês hábituara-nos a admitir como eterna a supremacia inglesa, tão longamente justificada pelo caráter moral britânico e o fulgor duma galáxia literária que vinha, ininterrupta, de Shakespeare a Shaw. Havia ainda a terra de Lincoln, imensa, poderosa, cada vez mais mundo dentro do mundo, que nós, inconscientemente, levados pela língua e a etnia, associávamos aos ingleses. Impossível que esse bloco moral, com séculos de cristalização, pudesse ser esmagado por uma agremiação apenas física, de aglutinação ocasional e repugnantemente preposta a restaurar no mundo o cadáver do clássico despotismo asiático vestido à moderna. Mas tudo estava se processando na Europa de maneira tão fulminante que a velha ideia da supremacia da raça inglesa se viu abalada.

Começara o bombardeio de Londres. Bombas vindas do céu entraram a destruir em minutos o que as gerações, com a paciência dos polipeiros, haviam levado séculos a construir. E tanto era visada a catedral de São Paulo como a mais ingênua das criancinhas. A invasão da ilha, que falhara com Filipe de Espanha e Bonaparte da Córsega, era inevitável. A matemática o provava. E o mundo atônito, já sem base para firmar um só dos seus pensamentos, passou algumas semanas de respiração parada, à espera do fim do último campeão da dignidade humana em solo europeu.

Mas quem nessas horas de horror erguesse os olhos para o *IF* de Kipling respiraria aliviado: estava ali o retrato da Inglaterra – o programa moral da Inglaterra –, o *fato* Inglaterra. E até hoje, tantos meses passados, o paladino da Dignidade Humana outra coisa não tem feito senão enquadrar-se dentro da moldura de resistência interior estabelecida por Kipling. O poeta do imperialismo britânico havia premonitoriamente desenhado a situação que anos mais tarde o inglês iria enfrentar. E nunca ninguém pintará melhor a resistência inglesa do que antecipadamente Kipling o fez há tantos anos.

No Brasil veneramos de coração a Inglaterra porque desde os começos da nossa história vimo-la interessar-se por nós e cooperar para o nosso desenvolvimento. A quase totalidade das nossas estradas de ferro e dos nossos portos foi obra dos ingleses ou do capital que os ingleses nos forneceram. Podemos dizer que a eles devemos o arranque de partida do nosso carro. Foi a Inglaterra a nação que mais confiou no futuro do Brasil nascente e mais lhe abriu crédito.

E sobre a contribuição material, a moral. Durante o longo reinado de Dom Pedro II o nosso modelo político sempre foi o parlamentarismo inglês. As liberdades civis, o *habeas corpus*, o júri, o jogo dos partidos, a função moderadora do imperante, a dignidade de que se revestia o nosso Parlamento – tudo importações nitidamente inglesas. As nobres figuras de Zacarias de Góis, Cotejipe, Rio Branco, Saraiva, Paranaguá e tantos outros eram perfeitamente britânicas, e quando esses homens falavam nas Câmaras não havia dizer se estavam se dirigindo à opinião pública nacional ou à da Inglaterra – tal o rigor com que se mantinham dentro das tradições da oratória e da correção britânicas.

Quem percorre os anais do nosso Parlamento na sua fase áurea, sente o prestígio do modelo. Nas citações, nos apelos à praxe, na produção de exemplos decisivos, o que vinha à tona era sempre a Inglaterra. Rui Barbosa revelava todas as excelências dos Chatams e Burkes, estilizadas pelo seu gênio pessoal.

Talvez daí viesse a expressão popular "para inglês ver", tão corrente no Brasil. Muita da nossa atitude formal era insincera, coisa apenas para "enganar inglês", "para inglês ver" – mas que bela homenagem! Nunca tivemos nenhum "para francês, alemão ou italiano ver" porque não nos interessava a opinião dos outros povos. Só a dos ingleses, nossos financiadores e norteadores políticos, fazia peso.

Depois tudo mudou com a passagem ao regime republicano, caracterizado pela progressiva restrição das liberdades civis e da garantia de direitos, segundo a curva clássica do despotismo sul-americano. Mas se tudo mudou no Brasil, não mudou a nossa velha admiração pelos ingleses. A palavra "inglês" sempre foi, e continua sendo, um sinônimo de solidez, lealdade e resistência a novidades mal cosidas. O negociante que apresenta um "artigo inglês" está dispensado de produzir outro adjetivo. O nome "Roger", marca duma cutelaria de Sheffield, introduziu na língua do povo o qualificativo "róge", como sinônimo de insuperável. No fundo do sertão ouvi certa vez uma pobre criatura, que talvez até ignorasse a própria existência da Inglaterra, dizer de alguém: "Fulano é róge".

A História é um caudal em perpétuo fluir, ora remansoso como o rio na planura, ora atormentado como o rio em desnível. Mas em nenhuma época esse caudal entrou em terreno mais irregular e se transformou em mais desnorteante sete quedas, como em nosso tempo. Quando o rio passa assim do regime da planura para o tumulto das cataratas, todos os "valores de remanso" se destroem, momentaneamente substituídos pelos "valores da violência".

É o espetáculo que presenciamos hoje. Desnorteada com a liquefação de todos os valores cristalizados em séculos, a humanidade tonteia diante do surto dos valores da violência, que os partidos vitoriosos por assalto ao poder forçam sobre o indefeso homem comum. O justo passa a injusto, o certo é o errado e o errado é o certo; o bom é o mau e o mau é o bom; o pensamento livre é o crime e a delação é a virtude; a história é falseada nas escolas para que também se torne instrumento dessa obra de *inversão de todos os valores*. E a alma dos velhos tiranos, sátrapas, déspotas, reis, sultães, califas, cãs, xóguns, marajás, patesis, faraós e xás da Antiguidade se moderniza na figura aparentemente nova do Ditador Total – essa novidade velha como a queixada com que Caim matou Abel.

E nunca o despotismo dispôs de tantas armas como hoje; para isso saqueou os arsenais da Ciência – essa filha da Liberdade Mental que o Velho Despotismo perseguiu outrora com o cadafalso e a fogueira e o Despotismo Novo persegue hoje com os campos de concentração e o exílio.

Em compensação, nunca a Boa Causa teve o paladino que hoje tem. Na defesa da Civilização (que não passa da penosa, insegura, recessiva, mas incoercível, vitória da liberdade sobre a escravidão), vemos a grande raça da nossa confiança, o eterno inglês que semeou de liberdades civis o mundo e em cada nação-filha plantou a árvore da dignidade humana: Estados Unidos, Canadá, Austrália, Nova Zelândia, Sul-África.

E como poeta nenhum, a não ser um poeta inglês, poderia ter composto o *IF* de Kipling, assim também raça nenhuma, a não ser a inglesa, tem elementos para com maior fidelidade cumprir o seu dever, neste momento em que o pêndulo oscila entre indignidade humana e o campo de concentração.

“Um governo deve sair do povo como o fumo sai da fogueira”, entrevista de Monteiro Lobato e Joel Silveira para *Diretrizes*[*]

Monteiro Lobato guarda várias e doces recordações da sua intensa vida de editor. E, entre todas, uma outra lembrança, talvez não muito doce nem muito bela, mas que ele revela com um sorriso:

– Foi a época da minha vida em que menti mais. Tinha de mentir diariamente.

Estamos no seu pequeno sobrado da Aclimação, em São Paulo, e o frio é terrivel lá fora. Lobato ia tomar banho e meter-se na cama quando cheguei. Desce as escadas cochilando, a gravata desarranjada na camisa. Sobe depois para me conseguir u'a máquina portátil, e quando volta está com aspecto melhor: passou o pente no cabelo, endireitou o colarinho, ajeitou a gravata de grandes listas azuis. Seus cabelos estão embranquecendo, mas há sobre os olhos aquela famosa linha reta e negra das sobrancelhas, e há os próprios olhos, adolescentes, muito vivos, que não dormem.

– Foi a época em que mais menti – diz ele, e fica alguns segundos calado, estirado na cadeira, os olhos enterrados no sorriso. Explica depois:

– É facil de compreender. Todos os dias, de todos os cantos do país, chegavam à editora originais e mais originais. Tudo de gente inédita que queria aparecer. Contos, romances, ensaios, poesias. Como sempre acontece, 80 ou 90% daquela carga não valia nada. Esse era o julgamento invariável meu e dos meus

[*] *Agosto de 1944. Nota da edição de 2009.*

colegas de escolha. Mas os autores não pensavam assim. É lei infalível no mundo das letras: cada autor se julga um gênio, dono de uma obra que, quando revelada ao público, mareará nova era nas coisas literárias. Se o editor, pouco diplomata, chamar o autor e falar claramente, dizendo que seu livro não vale coisa alguma, que ele errou de vocação, pronto, ganhou um inimigo figadal, para o resto da existência. O golpe é tratar a coisa com jeito e açúcar.

Lobato sorri novamente.

– Era o que eu fazia. Aparecia-me, por exemplo, um romancista magnificamente datilografado em espaço duplo. Deixava o original comigo, voltaria dentro de uma semana para saber da resposta. E quando voltava, eu já estava preparado. Era só soltar: "Achei o seu livro esplêndido, meu caro. Nunca um romance nacional me impressionou tanto. Naturalidade de narração, tema novo, ideias novas. O senhor não compreende o meu sofrimento em não poder editá-lo". E vinham as razões para a escusa: "Todo o programa da editora, para estes 2 anos, está completamente cheio, inteiramente tomado. É logico que eu poderia substituir algum dos livros programados pela sua esplêndida obra. Mas acontece que todos os autores a serem publicados pela nossa casa já firmaram contrato. Não posso romper tais contratos, o senhor compreende". Era horrível, mas tinha que ser assim. Nunca tive coragem de dar uma opinião contra. Equivale a arrancar o coração de um autor.

Monteiro Lobato não gosta de falar de sua pessoa. Amigos paulistas já me haviam prevenido disso, e ele próprio, quando telefonei daqui para São Paulo pedindo a entrevista, foi categórico:

– "Se for para um bate-papo sobre coisas gerais, pode vir. Sobre minha pessoa acho melhor você não perder seu tempo; já disse o que havia a dizer."

Mas recomendo aos meus amigos repórteres que, ao pretenderem arrancar de Lobato algo de pessoal, não vacilem: batam na tecla da editora que ele fundou, levem a conversa para a sua formidável ação como editor, iniciada em 1918. Ele entrega inteiramente os pontos. Vê-se logo – coisa que está nos seus olhos, no seu sorriso, nos seus gestos – que o seu grande orgulho sempre será ter saído vitorioso da grande luta que, vinte e tantos anos atrás, manteve contra os medalhões e a inércia do país.

– No princípio receei a derrota. Era um negócio incerto. Mas meus sonhos diziam o contrário, e os sonhos tiveram razão.

Lobato em poucas palavras conta como deu início à sua vida de editor.

– É que eu tinha um livro, um livro de contos. O título era *Urupês*. Além do livro eu tinha dinheiro; havia vendido a minha fazenda. E tornei-me editor do meu próprio livro. A primeira edição do livro foi de mil exemplares. Esgotou-se logo e dentro de poucos dias, um mês, tirei outra edição. Logo depois tirei mais outra. Era um milagre! E depois vieram outras edições, e outras, e outras, e a coisa não parou mais.

Mas o milagre tem sua explicação. Diz Lobato:

– Eu levava ideias novas para o negócio editorial. Naquele tempo, 1918, existiam em todo o país apenas umas trinta e poucas livrarias que distribuíam as edições da Garnier, da Francisco Alves e dos livros franceses. Comecei, então, a recolher endereços em todo o Brasil. Cavalheiros que eram apenas proprietários de pequenos armazéns do interior, papeleiros, farmacêuticos, todos começaram a receber uma longa circular nossa onde eu fazia uma proposta encantadora: "Sou editor, dono de uma editora. Quero que o senhor seja o representante da minha firma aí na sua cidade. O senhor receberá de cada edição da minha casa tantos exemplares. Por exemplar vendido, o senhor terá 30%. Se não vender nada dentro de um certo prazo, o senhor me devolverá os livros. Como o senhor vê, é um negócio esplêndido, pois o senhor não poderá ter prejuízo". A ideia foi recebida com grande interesse, e dentro de pouco tempo a Monteiro Lobato & Cia. tinha em todo o país, do Amazonas ao Rio Grande do Sul, via Mato Grosso e Goiás, perto de dois mil representantes. Esta foi a grande razão do seu sucesso como editor. É a história do ovo de Colombo.

Mas houve outras razões, entre as quais uma: é que o Brasil já estava farto dos medalhões.

– Como editor, eu seguia um critério todo especial. Naquele tempo, para alguém editar um livro tinha que possuir uma destas qualidades: ser rico, ter prestígio junto a um medalhão, ou ser filho de pai ilustre. Do contrário nada conseguia. Isto fez que se fosse acumulando pelo Brasil afora, nas gavetas, uma porção enorme de obras inéditas. Quando correu que não editávamos medalhões, e que só lançávamos novos, os originais, como já disse, começaram a chover. Chegavam todos os dias, por todos os correios. Esse fato deu ao país a impressão de uma verdadeira florescência literária.

Lobato toma o café em dois grandes goles, esfrega as mãos, levanta-se e continua:

– Mas não houve florescência nenhuma! Houve apenas a apresentação ao público de uma série de cavalheiros que estavam metidos nas suas respectivas gavetas. Creio que a nossa firma soltou toda a produção literária do Brasil que estivera encalhada ou se conservara inédita durante muito tempo. Foi depois da minha "ousadia" que a produção se normalizou e os editores começaram a editar o que ia aparecendo.

Lobato quer dar uma ideia do que foi a vida material da Monteiro Lobato & Cia.

– Os resultados materiais foram esplêndidos. O capital inicial empregado no negócio foi o conto e quinhentos da primeira edição de *Urupês*.

Tudo mais dali por diante foi feito com o lucro dos livros. O dinheiro pingava diariamente, vindo dos lugares mais distantes. Só a edição inicial do *Narizinho* nos deu, em oito meses, um lucro líquido de 100 contos. E olhe que o livro era vendido a 2.500 réis! O negócio cresceu tão vertiginosamente que a firma Monteiro Lobato & Cia., que era eu e o meu companheiro Otales Marcondes, teve que transformar-se em sociedade anônima, fortemente capitalizada. Virou a Empresa Gráfico-Editora Monteiro Lobato. Saímos das pequenas salas da *Revista do Brasil* para verdadeiros escritórios e resolvemos montar uma oficina gráfica.

Nova pausa. Lobato ajeita um quadrinho na parede e diz:

– Mas não seria apenas uma oficina gráfica. Seria a mais completa e maior oficina do Brasil! Foi aí que começou o nosso erro. A oficina, depois de montada, nos ficou em muitas centenas de contos de réis. Dinheiro que ainda não tínhamos, pelo que todo o negócio foi feito a crédito. Calculáramos, antes, que todos os gastos seriam pagos em três anos com o produto do trabalho das máquinas. Mas aí aconteceu a tragédia.

A tragédia foi a seguinte:

– Deu-se uma grande seca em São Paulo, parece que em

1924. Pela primeira vez na vida da cidade a Light se viu obrigada a cortar de dois terços o fornecimento de força elétrica. Ficamos nós, portanto, com um maquinário enorme, todo ele movido a eletricidade, sem poder trabalhar. Tentamos a montagem de um grande motor diesel, mas a tragédia continuava: depois de instalado, o motor não pôde funcionar porque a seca tinha privado todo o bairro do Brás, onde estava instalada a oficina, da água necessária para o resfriamento...

E não foi só. Houve outras desgraças.

– Coincidiu tudo isto com uma terrível medida bancária do governo Bernardes. O governo mudou subitamente de orientação financeira e o redesconto feito pelo Banco do Brasil foi suspenso. Pânico em todo o sistema comercial do país. Certa manhã, ao entrarmos no escritório, demos com uma série de avisos dos nossos bancos: estava suspenso o desconto das duplicatas. Um enorme buraco financeiro abria-se assim diante de nós num momento em que estávamos com as oficinas a um terço da produção. Resolvemos "recorrer ao remédio da falência" – não sabíamos que no Brasil a falência como remédio não existe. E liquidamos. Mas estávamos liquidando uma e criando outra. Ali naqueles escritórios foram batidos na máquina os estatutos da Cia. Editora Nacional – a sucessora da minha primeira filha, a qual morreu por excesso de vitalidade: cresceu depressa demais e não teve tempo de consolidar-se.

O capital da Editora Nacional era inicialmente de 50 contos de réis. Mas levávamos, eu e o Otales, um capital de experiência de valor incalculável. Creio que foi tal experiência que deu impulso à editora, transformando-a na grande força que ela é hoje.

Lobato não faz mais parte da Editora Nacional, isto é, não faz mais parte da firma. Mas continua amigo da casa, traduzindo para ela e nela editando todas as suas obras.

– Para mim, a Editora Nacional é minha filha, uma filha que fez um ótimo casamento com Otales Marcondes Ferreira, o grande magnata da indústria do livro no Brasil.

Lobato tem uma definição invariável para Otales Marcondes:

– Trata-se de um gênio!

E para justificar o qualificativo nos dá alguns exemplos da genialidade comercial do seu ex-sócio.

Depois eu pergunto:

– Quer dizer que não é verdade que a Monteiro Lobato faliu por só ter editado gente nova?

Lobato nega imediatamente:

– Em absoluto!

Monteiro Lobato nos explica qual o seu sistema de tradutor: ele só traduz o que lhe agrada, o que acha bom. Uma de suas últimas traduções, lançadas há poucos dias, foi *Um mundo só* de Wendell Willkie. Lobato nos diz que em toda sua vida de escritor e tradutor foi um dos livros que mais o impressionaram.

– Willkie nos traz grandes novidades. Ele viajou pelos países mais importantes desta guerra: a Rússia, a China e o Oriente Médio. E com a leitura do seu livro compreendi mais sobre a situação daqueles países do que com tudo o que havia lido até então. É que Willkie, na sua rápida viagem de 49 dias, não abandonou as linhas gerais. E as linhas gerais, meu caro, são o que interessa. Willkie revelou grande compreensão sobre a verdadeira situação da Rússia, sobre as razões da resistência russa e sobre a capacidade da organização russa. Ele compreendeu o que a China está fazendo e por que o está fazendo.

Lobato resume sua admiração por Wendell Willkie na seguinte frase:

– Se eu fosse americano e Wendell candidato a presidente, eu lhe daria de coração o meu voto.

– Mesmo se Roosevelt se candidatasse novamente?

– Bem, exceto no caso de uma nova candidatura de Roosevelt.

Monteiro Lobato acha que o livro de Willkie deve ser lido por todos, principalmente porque é um livro otimista. Mas não de um otimismo exagerado. Um otimismo realista e cheio de um ardente espírito de libertação.

– Willkie não admite mais imperialismos: nem o britânico e nem sequer os imperialismos internos dos Estados Unidos. Quer uma extensão da liberdade humana a mais larga possível. Quer a liberdade da Índia e de todos os povos coloniais, embora reconhecendo que em muitos casos essa libertação tenha de ser realizada gradativamente. Também não admite nenhuma espécie de ditadura, não concebe nenhum governo que não seja de pura emanação popular. Um governo deve sair de um povo como sai a fumaça de uma fogueira. Aliás, eu penso como ele: governo que não for assim é cavilação, não tem legitimidade e está condenado ao desaparecimento em consequência do inevitável resultado desta guerra. No seu livro Willkie contraria muita gente, inclusive Roosevelt e Churchill. Muita gente já o acusou de pretender com seu livro chamar a atenção do povo para a sua candidatura à presidência dos Estados Unidos. Não pode ser. Considero *Um mundo só* absolutamente sincero, porque nele Willkie defende pontos de vista que até o podem prejudicar perante o povo norte-americano. Exemplo: um dos problemas internos dos Estados Unidos que ele condena é precisamente a situação de desigualdade entre o negro e o branco. Desigualdade que ele não admite, como também não admite a predominância de uma classe sobre outra.

Lobato diz:

– Quando um livro me agrada, traduzo-o rapidamente. Traduzi o livro de Willkie numa semana.

Mas, sem dúvida, segundo ele próprio confessa, o livro que mais o tocou, modificando muitas de suas ideias anteriores sobre a política, foi o *Poder soviético*, do deão de Canterbury.

– Foi o primeiro livro honesto que li sobre a Rússia – diz ele. – Eu, como toda gente, tinha a cabeça cheia de noções falsas sobre o povo soviético, noções que por muito tempo a Alemanha inoculou no mundo através das suas quinta-colunas, e que o mundo, com a maior ingenuidade, absorveu, permitindo assim que o fascismo fizesse o seu jogo. Mas a grande simpatia que sempre tive pela Rússia fazia que eu tivesse muito cuidado com o que se espalhava sobre ela e a sua experiência política. O diabo, porém, é que eu não encontrava um livro que me esclarecesse, pois todos os existentes sobre o regime soviético padeciam de dois males: proselitismo contra ou a favor, exaltação sistemática do regime soviético ou condenação formal e absoluta. E como nos extremos nunca está a verdade, conservei-me mais ou menos neutro em matéria de Rússia. Um belo dia caiu-me nas mãos o *Poder soviético*. Li-o comovidamente. Não só porque o autor concordava com o que intimamente eu queria que a Rússia fosse, como porque a lealdade e a sinceridade daquele homem eram coisas insuspeitas. De modo que daí por diante, em matéria de Rússia, passei a jurar sobre o livro do deão como os puritanos juram sobre a Bíblia.

Já sei o que é a Rússia, e nada mais abalará as minhas convicções e o meu entusiasmo. Entusiasmo que se viu confirmado da maneira mais completa pela maravilhosa atuação da Rússia na guerra. Foi o único país onde não houve divergência, onde não houve cisão, onde o povo se colocou da maneira mais integral ao lado do governo. E isto prova que o governo da Rússia é o mais identificado com o povo que nós temos no mundo de hoje.

As cartas de literatos a Lobato enchem toda uma canastra. Mas há outras, muito mais numerosas, que se empilham aos montes; as cartas que todos os dias, invariavelmente, ele recebe das crianças do Brasil. Trazem elas, geralmente, o pedido de um retrato ou de um livro. Quando estive na Aclimação, Lobato acabara de receber a última, de um garoto de Aracaju, em Sergipe. José Hilton Rocha, de 12 anos de idade, dizia, entre outras coisas:

"Ficaria muito honrado se o grande escritor patrício se dignasse responder-me a esta, sendo para mim um documento valiosíssimo dada já a vossa capacidade literária verdadeiramente astronômica, já que o vosso nome é amplamente conhecido em todo o Universo. Uma resposta a esta carta faria os meus colegas 'babarem da inveja', como diria nesse caso a gozadíssima Emília".

Lobato ainda nos lê um cartão que tem no bolso – dum pai português:

"Exmo. sr. Monteiro Lobato:

Com os agradecimentos à carta que V. Excia. se dignou enviar ao meu filho Lindbergh, dou-lhe a notícia de que essa missiva veio concorrer imensamente para a sua cura. Diz ele que ontem foi um dos dias mais felizes de sua vida. Muito obrigado. Respeitosamente – José Faria Ribeiro, rua Loefgren, 1235 – São Paulo".

Monteiro Lobato diz que só isso, só as cartas que as crianças brasileiras lhe enviam todos os dias, compensa escrever literatura infantil. Ele guarda com amor as cartas dos meninos. Tanto assim que todas elas há muito que já se encontravam catalogadas e numeradas, trabalho que somente agora Lobato está tendo com as cartas de escritores e artistas adultos que tem recebido nestes 25 anos de literatura e trabalho.

Entrevista com Silveira Peixoto, da *Gazeta-Magazine**

De uma fotografia que se dependura na parede, a um ângulo desta sala, nesta casa da rua Castro Alves – residência de Edgard Monteiro Lobato –, sorrindo aquele sorriso franco, todo alegria, que lhe era tão peculiar, Martins Fontes está nos olhando. Do fundo negro de uma tela de Antônio Carneiro – presente que há pouco Samuel Ribeiro fez a Monteiro Lobato – as barbas majestosas meio desalinhadas, a fronte imensa, o nariz adunco, Guerra Junqueiro quer penetrar, com os seus, os nossos olhos.

– Todas as noites esses dois devem ter uma conversa muito interessante... – diz Monteiro Lobato, olhando-me por trás da taturana enorme das sobrancelhas fartas e cerradas.

Agora, volvendo o olhar para um retrato de Heitor Morais, que está sobre aquela mesa, a outro canto da sala, acrescenta:

– O Heitor está em boa companhia. Quanta coisa interessante não ouvirá...

Rodrigo, o neto do grande escritor, vem correndo lá de dentro com um brinquedo nas mãos. Um brinquedo muito da atualidade: um pequeno canhão. Jurandir Campos interessa-se logo pelo canhãozinho, arranja a espoleta, dá um tiro. E Monteiro Lobato, e Jurandir e eu, e Rodrigo – todos mexemos com o tal canhãozinho... Todos brincamos um pouco.

– A criança que há dentro de nós nunca envelhece... comenta Lobato.

* * *

* *Final dos anos 1930. Nota da edição de 2009.*

Metido num pijama de fundo claro e listas escuras, e tendo por sobre o pijama uma capa de gabardine cor de chumbo, Monteiro Lobato está medindo a passos vagarosos o tapete da sala. Resfriadíssimo, de quando em vez um acesso de tosse o caceteia.

– Como nasceu o Jeca Tatu, Lobato? – pergunto-lhe, enquanto dona Maria Pureza Monteiro Lobato ralha com Rodrigo, que insiste em abrir o piano.

– Na Fazenda do Paraíso...

Encomprida um tanto a reticência, como para recordar melhor umas coisas que se foram, uns quadros que lhe ficaram na retentiva. Prossegue, depois:

– É preciso dizer que a Fazenda do Paraíso era de meu pai. Ficava um pouco além de Tremembé – o Tremembé da Central do Brasil –, no lugar onde foi a Trapa...

– Sei. Onde é hoje a Fazenda Maristela.

– Isso mesmo. Ali, um dia, conheci nhá Gertrudes Reboque...

– Uma velhinha que morava num rancho à beira da estrada... – aparteia dona Ester de Morais, viúva de Heitor Morais, irmã de Lobato, e que parecia nem estar prestando atenção à nossa conversa, tão absorta se achava no seu tricô.

– Pois a nhá Gertrudes – continua o escritor – vivia falando num neto que significava para ela o maior homem do mundo. Votava-lhe admiração incondicional. O Jeca – assim se chamava o menino portento – era um colosso aos seus olhos de avó. E de tanto falar no Jeca nós quisemos conhecê-lo. Devia ser alguma coisa de extraordinário, o tal neto de nhá Gertrudes. E pedimos-lhe que aparecesse com o Jeca na casa da fazenda.

– E o Jeca apareceu?

– Apareceu. Que decepção! Um bichinho feio, magruço, barrigudo, arisco, desconfiado, sem jeito de gente. Algo horrível, Peixoto. Por isso mesmo, o seu nome ficou na minha cabeça. Anos mais tarde, precisando dar nome a um personagem caboclo, logo me veio à tona a figura desajeitada do Jeca – o mais jeca de todos os jecas que tenho visto.

– E o sobrenome? O Tatu?

– A princípio eu lhe havia dado outro sobrenome. Chamei-lhe Jeca Peroba. Não soou bem. Mas lembrei-me de que poucos minutos antes um capataz da fazenda – o Chico – me falara nuns tatus que andavam estragando uma roça de milho. Adotei o Tatu. Curioso: o Jeca, eu o conhecera de 20 anos; dos tatus só meia hora antes o capataz me havia falado. Dessa mistura, através dos anos, foi que surgiu o Jeca Tatu.

Continua a medir o tapete, a passos vagarosos...

* * *

– Quando começou a escrever?

– Foi num jornalzinho do Colégio Paulista, de Taubaté, onde nasci a 18 de abril de 1882. Mas foi no tal jornalzinho – O *Guarani* – que publiquei a minha primeira coisa. Apareceu sob o pseudônimo de Josben...

– As primeiras sílabas de José Bento – os seus dois primeiros nomes... Mas disseram-me que não se chama José Bento, e sim José Renato...

– Eu me chamava José Renato... – respondeu ele, sublinhando o chamava.

Prolonga a reticência, apanha um dos doces que dona Ester pusera na mesinha do centro e continua:

– Devia ter uns 5 ou 6 anos. Meu pai chamava-se José Bento Marcondes Lobato, e tinha uma bengala que era o meu encanto: um unicórnio cor de âmbar, com castão de ouro todo granulado. Bem em cima, no topo do castão, numa parte lisa do metal, estavam as iniciais J. B. M. L. Essas iniciais estragavam-me tudo. Afinal, pensava eu, quando meu pai morrer não poderei usar essa bengala: eu me chamo José Renato; as iniciais são J. B.; esse diabo do B...

– Então?...

– Por causa da bengala resolvi mudar de nome e passei a chamar-me, para todos os efeitos, José Bento.

* * *

– E a tal primeira coisa que escreveu e O *Guarani* publicou?...

– Era uma anedota de meia coluna. Eu tinha 14 anos. Aos 16 anos meu jornal foi um periódico que se editava naquela mesma cidade. Não me lembro o nome, mas ainda conservo os recortes.

Solícito, sai e volta com um livro enorme, em que estão colados inúmeros artigos.

– Foi Purezinha quem produziu este livro – diz ele. – Dona Maria da Pureza Monteiro Lobato. Colou tudo isto. Uma trabalheira danada.

Exibe-me as primeiras páginas, ao mesmo tempo que vai lendo os títulos:

– Aqui estão as primeiras coisas: "Poemas da juventude", "Tilcara", "Guaxará"... Tudo fantasias recedentes às primeiras leituras: José de Alencar, Coelho Neto, Catulle Mendes... E tudo assinado com pseudônimo. Eu usei um bando de pseudônimos: Hélio Bruma, Antão de Magalhães, Lobatoyewsky, Rodanto Cor-de-Rosa, Osvaldo, Guy d'Hã, Manuel de Sousa, Pascalon, O Engraçado, Yewsky, Enoch Vila Lobos, B. do Pinho, Oscarino, Yan Sada Yaco, She, Ed. Schelling, Olga de Lima, Nero de Aguiar, Vieira Lion, F. H. Rangel, Marcos Twein, Bertoldo... Escrevi, depois, em várias folhas colegiais: numa *Pátria* do Instituto de Ciências e Letras, aqui em São Paulo; no *H^2 S*...

– *H^2 S?*...

– Era um jornalzinho manuscrito que mantive naquele colégio, e que eu mesmo lia em voz alta no recreio todos os sábados, dentro de um "quadrado de defesa"...

– "Quadrado de defesa?"...

– Sim. Cada semana, o *H^2 S* bulia com um grupo e poupava os demais. Estes eram convidados a formar o "quadrado de defesa", contra os "ataques de cavalaria" dos "bulidos", os quais avançavam furiosos para empastelar o pasquineiro...

* * *

– O livro mais interessante que eu poderia fazer seria a história de meus contos... – diz Lobato enquanto mordisca uma mãe-benta.

– Por que não o faz?

– Já não me interesso por coisa nenhuma. Meus contos foram quase todos vingancinhas pessoais, desabafos. Quando eu sentia necessidade de vingar-me de um sujeito qualquer, não sossegava enquanto o não pintasse numa situação ridícula ou trágica, que me fizesse rir.

– Então *Urupês* nasceu de tais vingancinhas?

– Mais ou menos. Em meio à produção pseudônima, foram vindo esses contos, muitos dos quais também eram desabafos.

Publiquei-os em periódicos de maior vulto, como a *Revista do Brasil*, então dirigida por Plínio Barreto e Pinheiro Júnior. Mas eu não alimentava a intenção de fazer livro. A primeira ideia de reunir aqueles contos em volume foi-me dada pelo Plínio. "Publique!", disse ele. "Conheço o público. Todos vão gostar... "

– E você resolveu-se...

– Não foi bem assim. A princípio a ideia me pareceu extravagante. Ri-me. Plínio, entretanto, voltou ao assunto, insistiu. Pus-me a parafusar naquilo, e acabei mandando imprimir o livro. Minha inexperiência naquele tempo era tamanha que nem sequer pensei em procurar editor. Editei-me a mim mesmo.

– Onde foi buscar esse nome – "urupês"?

– Recordação da infância. Quando em menino minha mãe me mandava fazer qualquer coisa e eu mostrava corpo mole, ela: "Anda, menino! Parece urupê de pau podre!". Esse nome "urupê" ficou-me na cabeça. Afinal, um dia, quando precisei classificar a classe do Jeca, ou do homem da roça, o nome que me acudiu foi esse – e acabou denominando-me também o livro.

* * *

– E os livros para as crianças?

– Vieram como vêm as crianças. Um grão de pólen me caiu um dia em algum óvulo cerebral e gerou o primeiro – *A menina do narizinho arrebitado*. O começo foi esse...

– Por que preferiu um "narizinho arrebitado?"

– Não preferi... Veio assim, de momento. Eu queria dar um traço característico, pitoresco, à minha pequena personagem. E que traço mais pitoresco do que um narizinho arrebitado?

– Os outros?

– Que outros?

– Os outros livros para crianças?

– Vieram muito naturalmente, como vagões atrás de uma locomativa. Tudo saiu de um narizinho...

– Como nasceu a Dona Benta?

– Eu andava no Colégio Paulista, em Taubaté. Nos colégios os "maiores" nunca dão confiança aos "menores", e estes, por isso e outras razões, acham que aqueles são mesmo "importantes" – e vivem com os olhos neles. Ora, havia lá um rapaz chamado Pedro de Castro. Era um dos "maiores", e tinha a seu favor a particularidade de ser de Macaé ou Pati do Alferes. Num colégio, o fato de um sujeito ser de uma terra que os outros não conhecem é bastante para dar-lhe um prestígio extraordinário. Eu era dos "menores"...

– Ele não dava confiança...

– Eu vivia a olhá-lo como quem vê um tipo importantíssimo. Esse Pedro de Castro costumava falar em sua avó, de nome Benta. Achei curioso o nome e mais tarde, quando precisei batizar a vovó de Narizinho, foi a avó do Pedro de Castro quem me forneceu o nome...

– E nasceu Dona Benta! Mas a Tia Nastácia? Qual a sua história?

– Tive em casa uma Anastácia, ama do meu filho Edgar. Uma preta alta, muito boa, muito resmunguenta, hábil quituteira... Tal qual a Anastácia, ou a Tia Nastácia dos livros.

* * *

Perguntei depois sobre o Visconde de Sabugosa. Lobato deixa de caminhar de um lado para outro. Senta-se... Dona Ester de Morais larga o tricô e toma a palavra.

– Naqueles tempos, na fazenda, as crianças costumavam brincar com bonecos de sabugo. Tomavámos um sabugo de milho e o vestíamos como se fosse uma boneca. Nos chuchus púnhamos umas pernas de palitos e ficavam sendo os "cavalos" e os "porquinhos"... Quando aos sábados o Juca vinha do colégio, nós preparávamos uma porção de coisas para recebê-lo; alinhávamos as bonecas de sabugo...

– Mas eu largava tudo e ia pescar! – aparteia Lobato.

– É verdade... – diz dona Ester. – Mas os tais bonecos de sabugo...

– ... devem ter influído na criação do Visconde de Sabugosa... – concluo.

– É. Podem ter sido a matriz dessa ideia. E também a Emília deve ser produto de uma reminiscência desses tempos... – concorda Lobato.

– Mas e o rinoceronte? Por que pôs um rinoceronte no sítio da Dona Benta? Um animal que não é brasileiro...

– Exatamente por isso. Para fazer uma coisa diferente. Resolvi arranjar um bicho contrário ao cachorrinho ou ao coelhinho clássicos. Mas na realidade eu não introduzi deliberadamente um rinoceronte em minhas histórias. Aquele rinoceronte fugiu certa vez de um circo no Rio de Janeiro, afundou no mato e foi parar no sítio de Dona Benta. De lá entrou muito naturalmente nos livros. Coisa muito mais do rinoceronte do que minha.

* * *

– De todos os seus livros, qual é o que considera o melhor?

– Ah, meu caro! Muitas cozinheiras, depois de prepararem um jantar que todos gabam, vão ao empório da esquina comprar pão e salame para matar a fome...

– Que tem isso com os seus livros?

– Muito. Logo que um livro me sai do útero mental, fico enjoado dele por longo tempo. Não quero tê-lo em casa. Jamais consegui uma coleção completa de minhas obras. Qualquer "fã" possui mais livros meus do que eu mesmo. São filhos que solto pelo mundo, como as galinhas soltam os pintos já empenados. Só quero que não me aborreçam mais. Chego a esquecer-me do que há neles. Passados uns 2 ou 3 anos é que os releio...

– E então?

– Às vezes, com grande surpresa, gosto. Foi assim com *Urupês*. Depois de alguns anos de esquecimento, tive de reler os contos para uma nova edição revista e entusiasmei-me. Lembro-me de que fui ao Otales, o meu editor, e disse: "Que livro interessante, Otales! Não imagina como gostei. Que contos engenhosos, bem urdidos!".

* * *

Meus olhos caem sobre uma tela na parede.

– Lobato, esse quadro a óleo é seu?

– É sim... – responde ele displicente, em tom de quem não está disposto a acrescentar qualquer coisa mais.

Uma associação de ideias leva-me a outro dia – aquele em que bisbilhotando uns papéis velhos de Lobato encontrei aquarelas interessantíssimas, mas todas sem assinatura.

– De quem são estas aquarelas? – perguntei.

– Minhas... – respondeu ele indiferente.

– Suas?!

– Minhas, sim. Reinações que andei fazendo e ainda faço de quando em vez.

– Mas por que, tendo jeito assim para a pintura, não se dedicou a sério?...

– Ah, isso é uma história que até parece invenção. Foi por causa da Alemanha.

– Por causa da Alemanha?

E ele, brincalhão:

– Por causa da Alemanha, sim. Minha verdadeira vocação não era para a literatura, e sim para a pintura. Minha paixão sempre foi essa, e um dia resolvi virar pintor. Eu era estudante em São Paulo, recém-vindo de Taubaté. Morava num chalezinho no largo do Palácio, junto com o Carlos Nehring, outro estudante. Dando satisfações ao velho *appeal*, deliberei começar. Adquiri por 40 mil-réis uma caixa de tintas. Comprei tela e outros ingredientes. Fui à quitanda mais próxima e de lá voltei com umas bananas, que serviriam de modelo. Pensei em dedicar-me ao gênero natureza-morta, porque depois de pintado o quadro comeria o modelo...

– E começou...

– Com entusiasmo fora do comum. Espremi as bisnaguinhas de tinta na palheta... Mas não saía nada. O raio da tinta não se dissolvia no óleo, nem mesmo na aguarrás. Que diabo de mistério seria aquele? Foi aí que o Nehring entrou. Calculei que, como bom filho de alemão, devia ter na massa do sangue o senso da química. E queixei-me: "Minhas tintas não se dissolvem. Resistem até a aguarrás. Que será?". Nehring olhou para a banana empastada que eu começara a pintar e não hesitou em dizer: "Quem sabe se em vez de comprar tintas a óleo você comprou de aquarela?". O sangue afluiu-me ao rosto. Fechei a caixa de tintas e reagi. "Que idiotice! Pois então eu havia de cometer uma imbecilidade desse tamanho?"

– E...

– Encostei o quadro, guardei as tintas, comi as bananas e jurei por dentro que nunca mais me meteria a pintor. É por isso que em vez do pintor Monteiro Lobato existe o escritor Monteiro Lobato. Por culpa de um caixeiro. Eu pedira óleo; ele errara e trouxera-me aquarela. O erro só me foi denunciado pelo Nehring. Mas se eu confessasse a minha imbecilidade, isso poderia ser a desmoralização do Brasil aos olhos da Alemanha...

– Mas estas aquarelas, então?

– Periodicamente sinto umas comichões pictóricas. Para coçar-me, faço qualquer coisa. Umas aquarelas, uns quadrinhos a óleo... Mas não me dedico. Por causa da Alemanha...

* * *

Lobato dá um tiro com o canhãozinho de Rodrigo.

– É interessante esta engenhoca – diz ele entregando-a ao neto, que não quer ir dormir sem levar o brinquedo.

– É verdade, Lobato, que vai para a Argentina?

– Creio que irei, sim. Uma casa editora de Buenos Aires vai editar todos os meus livros infantis. Essas edições irão atingir não só toda a América Latina como também os Estados Unidos...

– Serão em castelhano e em inglês?

– Só em castelhano. Mas o castelhano é a língua auxiliar do norte-americano. E, entrando lá os meus livros em espanhol, logo os terei em inglês.

A tradução na Argentina está sendo feita. São muitos livros. Minha presença lá é necessária para dirigir o trabalho, fazer as necessárias adaptações.

– Quer dizer que irá de mudança...

– Será melhor... Terei de gastar uns 2 ou 3 anos nesse trabalho. E é preferível tratar logo de fixar residência por lá. Já andei até estudando um bairro para morar.

– E?...

– Estou hesitando entre Belgrano e Vicente Lopez... Como é bonito Vicente Lopez!

* * *

Agora, de novo andando de um lado para outro, continua:

– Aqui no Brasil já consegui o máximo em matéria editorial.

Para diante de mim e acentua:

– Englobadamente, meus livros já estão a caminho do segundo milhão.

– Com as traduções?

– Não.

– E que traduções há de livros seus?

– Há nos Estados Unidos uma tradução de contos meus com o título de *Brazilian short stories*, na coleção Little Blue Book; é o volume 733 dessa série, editada por Haldman-Julius.

Na Argentina correm várias traduções de obras minhas. Há uma na Espanha, da Editorial Cervantes de Barcelona. Não sei quais as tiragens alcançadas.

– E livros em projeto?

– Ainda este ano sairão aqui no Brasil dois ou três livros para crianças. O ano passado relaxei... Fiz um só. Vou agora tirar a diferença. Para gente grande talvez escreva alguma coisa, mas isso quando estiver na Argentina. Serão coisas do ambiente novo – do ambiente argentino ou hispano-americano em geral...

Lobato aproxima-se da janela. E olhando o céu, que parece que vai cair, de tão cheio de estrelas, remata com certa melancolia:

– Não deixa de ser curioso... Eu, com quase 60 anos, disposto a mudar de país! E com planos novos na cabeça!... E por quê? Porque sinto falta de ar aqui no Brasil...

Resposta a uma enquete da *Mocidade Paulista**

– Que acha da participação da juventude brasileira na obra de renovação social da atualidade?

– A juventude é o broto da árvore. Cai a folha velha e desenvolve-se a nova – mas, velha ou nova, tal árvore tal folha. A participação da folha nova na renovação da árvore é apenas biológica.

– Quais seriam na sua opinião as bases do intercâmbio cultural entre os povos?

– A base do intercâmbio cultural entre os povos é uma só: absoluta liberdade de expressão do pensamento, de modo que um povo possa conhecer o que outro pensa. Em caso contrário, os povos só ficam sabendo o que, por motivos compulsórios, os outros povos fingem pensar. Ocorre portanto um intercâmbio de mentiras – e a mentira jamais construiu coisa nenhuma.

– Acredita numa rápida normalização da vida após a guerra?

– Normalização rápida depois da grande comoção duma guerra social como a presente é puro absurdo, porque normalização quer dizer volta ao sistema de equilíbrio anterior. Ora, como a guerra não passa de ruptura desse sistema de equilíbrio por já não corresponder às necessidades e aspirações humanas, o que a história nos mostra é depois de cada guerra um movimento

* *Entre 1941 e 1944. Nota da edição de 2009.*

de pêndulo, isto é, a cega e dolorosa procura dum novo sistema de equilíbrio estável. A esse movimento de pêndulo chamamos revolução. Se as lições da história não estão revogadas, depois da guerra vamos ter um longo período de revoluções em muitos pontos do globo, que durarão até que, cegamente, por tentativas tontas, o novo sistema de equilíbrio seja encontrado. Querer "normalidade", isto é, volta ao *status quo ante*, é querer que as águas que antes do começo da guerra passaram pela Ponte Grande voltem a passar depois de finda a fase militar da luta.

– Acha que o rádio brasileiro está aparelhado para cumprir sua missão?

– O rádio brasileiro, como o rádio do mundo todo, só servirá para divertir ociosos e fazer propaganda comercial enquanto não entrar no regime da liberdade mais completa. Sob o regime de controles e censuras, a missão do rádio se reduz apenas a aumentar um pouco mais o barulho já existente no mundo.

– Consta que o cinema brasileiro vai transportar para a tela o enredo dos melhores livros nacionais. Acha que a nossa literatura presta-se para argumento cinematográfico, e, nesse caso, quais as obras que poderiam ser adaptadas?

– Não há cinema brasileiro, nem pode haver porque o cinema é uma arte industrial só possível nos países de grande desenvolvimento econômico, como os Estados Unidos, e que, consequentemente, disponham de grande campo de exibição, altamente remunerativo. O segredo da vitória do cinema americano está nos quarenta mil teatros de exibição de filmes lá existentes, com frequência diária de milhões de espectadores. Não havendo aqui este fundo econômico, o nosso cinema terá de perpetuar-se no que é e tem sido: um sonho do Barreto.

Se a nossa literatura se presta para o cinema como o temos? Coitadinha... Pelo que já vi, acho que as obras a serem postas em fita devem ser as dos nossos inimigos. Jamais nos regalaremos com maior vingança...

– Acha que o governo devia chamar a si a responsabilidade do ensino, ou permitir que a iniciativa particular continue?

– Quando é um governo que ensina, o ensino se desnatura completamente e se torna faccioso, como aconteceu na Alemanha e na Itália. O ideal é o sistema dos Estados Unidos, onde, depois do Estado fornecer a todas as crianças a instrução primária, isto é, ensinar a ler, escrever e contar, não se mete mais a sebo, tudo ficando entregue à iniciativa particular. O resultado da máxima intromissão do governo no ensino, temo-lo na Alemanha: uma catástrofe para o mundo. O resultado da nenhuma intromissão do governo no ensino temo-lo nos Estados Unidos: o país que todos nós sabemos o que pesa e o que vale.

– Até 1940 o número de matrículas nos cursos clássicos era maior que nos científicos; agora verifica-se o contrário. Por quê?

– Se há mais matrículas hoje nos cursos científicos do que nos clássicos, é que o nosso povo está abrindo os olhos, arrastado pelo instinto de conservação. A vitória da ciência no mundo moderno é absoluta; e o dilema, inexorável: ou um povo cultiva a ciência e vence ou permanece no empirismo dos avós e desaparece. E por que é assim? Porque só a ciência dá eficiência ao homem – e é pela eficiência que tanto o indivíduo como os povos sobrevivem e vencem na competição. E que é eficiência? É fazer ponta num lápis com um canivete bem amolado, em vez duma faca de mesa sem corte.

– A mulher deve continuar trabalhando fora de casa, ou deve retornar ao lar?

– A mulher foi escrava do homem desde tempos imemoriais, mas parece que cansou e está se emancipando da tutela masculina. Perguntar pois a um homem se ele "acha" que a mulher deve continuar a escrava antiga ou ir cada vez mais competindo com ele nos trabalhos do mundo é uma pergunta ociosa. Está claro que todos os homens sinceros pendem para a primeira hipótese, porque nada melhor do que o nosso sistema de flanar fora de casa umas horas e de volta encontrar os pratos lavados e a cama arrumada. Mas parece que as mulheres já não concordam muito com isso – e não será porque nós "achemos" isto ou aquilo que elas vão baixar a cabeça e resignar-se à velha canga em que o egoísmo masculino as manteve desde o tempo do Pitecantropo Ereto.

– Qual, na sua opinião, o melhor poeta e o melhor romancista da nova geração?

– Quem responde a uma pergunta destas merece um bom par de orelhas de jumento. Destacar um entre dez apreciabilíssimos poetas é criar nove eventuais inimigos; e quem faz a mesma coisa entre dez romancistas eleva eventualmente seus inimigos a dezoito – nove em verso e nove em prosa. Entre os romancistas, por exemplo, como é difícil hoje dar a palma de melhor a este ou aquele, quando estamos com um grupo tão bom de belos romancistas – José Lins, Jorge Amado, Erico Veríssimo, Amando Fontes e tantos outros!

– Qual é ainda a mais bela realização do estudante brasileiro?

– A mais bela realização do estudante brasileiro será saber bem a sua lição, não colar – e duvidar da infalibilidade dos mestres e dos compêndios.

Faz 25 anos...*

São na verdade coisa fora do comum em nossas letras essas comemorações que se estão fazendo ao vigésimo quinto aniversário do aparecimento de *Urupês*, de Monteiro Lobato. Por que, afinal, entre tantos outros, está esse livro sendo tão destacado e está recebendo tantas homenagens? Pelo seu valor artístico e literário, somente, não será; muitas obras de grande valor artístico e literário completam 25 anos de idade e ninguém se lembra de festejá-las. Portanto, é lícito concluir que em *Urupês* há alguma outra qualidade que não apenas essa.

Com efeito, sendo um marco na história da literatura brasileira, essa obra de Monteiro Lobato assinala também o início da indústria editora no Brasil. Até o seu lançamento, é indiscutível, tínhamos alguns editores; mas na realidade ainda não tínhamos indústria editora. Havia o Garnier, o Alves, o Briguiet, o Jacinto, o Teixeira, o Quaresma – em regra comerciantes portugueses e franceses que de vez em quando publicavam um livro novo. Claro é, no entanto, que disso à existência de uma indústria editora vai uma grande distância.

Coube a Monteiro Lobato criá-la com os seus *Urupês*. Tudo mais foi consequência desses contos. Como isso aconteceu? Eis a pergunta que numa destas últimas noites me levou à casa desse meu amigo e vizinho de bairro.

– Já sei o que vem fazer por cá a estas horas e com este frio:

* *Entrevista dada a Silveira Peixoto para* Vamos Ler *em 1943. Nota da edição de 2009.*

o "jubileu"... – disse ele, todo encapotado, olhando-me de trás da taturana imensa das sobrancelhas fartas e cerradas.

– É verdade. Quero saber o porquê da "historicidade" de *Urupês*...

– Pois chegou em boa hora. Estive remexendo meu arquivo e estou cheio do assunto... Vou dizer a coisa com o menor número de palavras e sem adjetivos.

Sentando-se a uma poltrona diante da em que eu já havia tomado lugar, prosseguiu:

– Antes de mudar-me para São Paulo, onde havia passado apenas os meus anos de curso acadêmico, fiz um estágio agrícola. Fui durante cerca de 7 anos fazendeiro na Serra da Mantiqueira, no município de Buquira. Um dia vendi a fazenda e vim para aqui.

– E na fazenda escreveu os contos.

– É exato. São todos de lá, em todos há paisagens e tipos copiados do natural. Nunca uma fazenda e sua gente entraram tanto numa série de contos. Mas eu escrevia unicamente pelo prazer de escrever, sem a menor intenção de dá-los a público, até que uns amigos meus fundaram aqui em São Paulo a *Revista do Brasil*. Pediram-me colaboração. Mandei o "Chóópan", título depois mudado para "A vingança da peroba". Publicaram, gostaram, pediram mais e fui mandando. Eram contos feitos e refeitos por quem dispunha de dias compridíssimos. As horas da fazenda eram enormes, bocejantes, e eu podia fazer e refazer aqueles contos, para matar o tempo. Só os largava quando ficavam em "ponto de bala", isto é, quando os considerava definitivos. E publiquei-os todos na *Revista do Brasil*.

– Depois vendeu a fazenda, mudou-se para São Paulo...

– E em São Paulo, para ocupar-me com alguma coisa, comprei a *Revista do Brasil* e, a conselho de Plínio Barreto, resolvi fazer um livro com os tais contos. Nem pensei em editor. Se nem sabia da existência de editores!... Fui mandando aquilo para a tipografia e pronto.

– Essa primeira edição foi impressa na...

– Na seção de obras de *O Estado de S.Paulo*, com a recomendação de que não fizessem mais de mil exemplares, pois eu não acreditava muito no sucesso a que o Plínio vivia a referir-se com tanto entusiasmo.

– Afinal, quando saiu, foi mesmo um sucesso...

– Quando saiu, tratei logo de distribuí-lo. Tive a primeira decepção. Havia em todo o Brasil apenas umas quarenta livrarias em situação de receber o livro e oferecê-lo ao público.

– Quarenta?!

– Ainda tenho um caderno de capa vermelha em que eu mesmo anotei a distribuição. Não passavam de quarenta. O sucesso de *Urupês* animou-me a dar outras edições, e também a publicar em livro outras coisas minhas estampadas em jornalecos, com pseudônimos, isso nos meus tempos de estudante. E assim apareceram *Cidades mortas, Ideias de Jeca Tatu* e outros. Comecei também a publicar livros de outros autores. Mas perdurava a terrível limitação: só quarenta livrarias, só quarenta escoadouros!... Vieram, por fim, o raciocínio e o golpe. “Isto está errado” – disse ao Otales, que já era meu companheiro. “Impossível um negócio desse jeito – assim privado de varejo. Mercadoria que só dispõe de quarenta pontos de venda está condenada a nunca ter peso no comércio de uma nação. Temos de mudar, fazendo uma experiência em grande escala, tentando a venda do livro no país inteiro, em qualquer balcão que exista e não somente em livraria.” Mandamos uma circular a todos os agentes do correio pedindo a indicação de uma casa, de uma papelaria, de um jornalzinho, de uma farmácia, de um bazar, de uma venda, de um açougue, de qualquer banca, em suma, em que também pudesse ser vendida uma mercadoria denominada “livro”. Os agentes assustaram-se e responderam. Completando a consulta com outras feitas a prefeitos e o diabo, conseguimos 1.200 nomes de casas comerciais recomendadas como relativamente sérias. Redigi então a circular que iria constituir a pedra básica da indústria editora brasileira. Mas não pense que me gabo disso. Eu estava a mil léguas de imaginar o que iria sair daquilo. Não pensei na pátria, não pensei em coisa alguma, a não ser em alargar o campo de venda das ediçõezinhas que andávamos fazendo.

– Lá foi a circular...

– Foi e era sugestiva. “Vossa Senhoria tem o seu negócio montado e quanto mais coisas vender maior será o lucro. Quer vender também uma coisa chamada ‘livro’? Vossa Senhoria não precisa inteirar-se do que essa coisa é. É um artigo comercial como qualquer outro, batata, querosene ou bacalhau. E como Vossa Senhoria receberá esse artigo em consignação, não perderá coisa alguma no que propomos. Se vender os tais 'livros', terá uma comissão de 30%; se não vendê-los, no-los devolverá pelo correio, com o porte por nossa conta. Responda se topa ou não topa." Todos toparam e nós passamos dos quarenta vendedores, que eram as livrarias, para 1.200 "pontos de venda", fosse livraria ou açougue.

– E como o público recebeu isso?

– Com uma avidez de impressionar. Foi um abalo no país inteiro. Algo de fulminante. A procura de livros tornou-se tamanha que não havia o que chegasse. As edições, que antes eram de quatrocentos ou quinhentos exemplares e muito espacejadas, imediatamente pularam para três mil exemplares em média e começaram a sair quatro, cinco, seis e sete por semana. Cheguei a tirar uma edição de 50.500 exemplares de *Narizinho arrebitado*, isto, é claro, por mera inexperiência, pois um editor, por maior confiança que tenha num livro, nunca se arrisca a tamanha loucura; vai fazendo tiragens sucessivas de dez mil, para economia de espaço no depósito, para evitar empate de capital, por mil coisas. Mas a nossa inexperiência nos levou a esse absurdo, que nunca mais foi repetido, nem por nós nem por outro editor. Há, todavia, um deus para os bêbados e outro para os inocentes. O deus dos inocentes premiou a nossa inocência com um autêntico milagre: a tal edição monstro esgotou-se em oito ou nove meses!

– Apenas?

– Pois só o governo de São Paulo adquiriu trinta mil narizes...

– Como foi isso?

– O doutor Washington Luís estava na presidência de São Paulo. Um belo dia saiu a correr os grupos escolares em companhia do secretário Alarico Silveira. De escola em escola, notou que em todas elas havia um livrinho de leitura, extraprograma, muito sujinho e surrado. Era justamente o meu *Narizinho*. Os quinhentos exemplares a mais dos cinquenta mil eu os havia tirado em papel melhor e mandado de presente a todos os grupos e escolas do estado. E como fossem absoluta novidade, a criançada atirou-se a eles e os leu à moda das crianças – escangalhadamente. O doutor Washington fez ao seu secretário a seguinte observação: "Se este livro anda assim em tantos grupos, é sinal de que as crianças gostam dele. Indague de quem é e faça uma compra grande, para uso em todas as escolas". No dia seguinte Alarico me telefonou pedindo que passasse pela Secretaria. Lá me contou das visitas da véspera e da opinião do presidente. Depois: –"Quantos exemplares desse livro pode você vender ao governo?". Uma pergunta assim à queima-roupa a um editor que está atrapalhado com a maior avalanche nasal da sua vida é coisa de estontear. Pisquei sete vezes e respondi: –"Quantos quiser, Alarico. Temos narizes a dar com pau. Posso fornecer cinco mil, dez mil, vinte mil, trinta mil...". Alarico pensou que fosse brincadeira e, para pilhar-me, disse: –"Pois mande trinta mil ao almoxarifado". Veio nesse momento o café, mudamos de assunto e logo depois saí. Quando no dia seguinte o almoxarifado recebeu os trinta mil narizes, houve alarme por lá. Telefonaram ao secretário, o qual também me telefonou. –"Lobato, então era verdade a história dos trinta mil?" "Claro, Alarico! Onde se viu blefar para cima de um secretário de estado como você?" E ele: "Pois só agora depois da telefonada do almoxarifado é que estou acreditando...".

– Resultado?

– Em oito meses lá se foi toda a edição e deixou um grande lucro. Esse dinheiro caído do céu muito contribuiu para o reforço do capital da nossa editora, a qual nunca mais parou de crescer. Cresceu tanto que um dia tropeçou e lá quebrou o nariz. Mas ergueu-se logo em seguida, de nome mudado. Virou a Companhia Editora Nacional, essa grande empresa hoje do meu velho companheiro Otales Marcondes Ferreira – a maior do Brasil e uma das maiores da América do Sul. É o jequitibá frondoso que saiu daquela sementinha: os *Urupês*.

E depois de uma pausa Lobato rematou com esta pergunta:

– Compreende agora o significado desse livro?

Monteiro Lobato fala da Academia, dele mesmo e de outros assuntos*

Monteiro Lobato tem o seu ponto habitual bem no coração de São Paulo, em pleno Triângulo. É naquela velha loja da rua Quinze, na Livraria Civilização, editora de grande parte de seus livros, que atende aos que o procuram. Quando pela manhã telefonamos para a casa do escritor, na Aclimação, ele, depois de negociar, afirmando não haver motivo algum para dar entrevista, acabou acedendo:

– "Hoje à tarde, na Civilização." – E foi na livraria que se deu o nosso primeiro encontro: – "Este é o meu escritório, aqui mesmo, de pé...".

Em realidade não há escritório algum, porque tudo é simbólico como as histórias de ficção do autor, feitas para crianças e devoradas por muitos adultos com a maior gula. Mas não menos certo é que ali, nos corredores de prateleiras cobertas de livros e mais livros, Monteiro Lobato atende aos amigos, dá e recebe as encomendas da mocinha do "caixa", sela as cartas que escreveu em casa e entrega a um empregado para serem encaminhadas ao correio.

– Pois que desejam de mim lá do Rio? – foi indagando, com um ar de homem displicente, pouco ou nada ligado às coisas que o cercam, mas verrumando com os olhos muitos vivos os livros expostos, e sempre desenhando aquele sorriso de grande cético, mal escondendo – quem sabe! – um sempre eterno sonhador.

* *Reportagem de Celestino Silveira em 1944. Nota da edição de 2009.*

Dissemos ao que íamos. Era necessário conhecer-lhe a reação quanto ao anunciado convite da Academia Brasileira de Letras para ocupar a cadeira de Alcides Maia. Teria sido realmente convidado? E, em caso afirmativo, estaria disposto a aceitá-lo? De qualquer modo, que juízo formularia Lobato da Casa de Machado de Assis, do momento literário e de tantos outros assuntos em plena efervescência?

Talvez a entrevista fosse resolvida ali mesmo, se terceiros não aparecessem, roubando o personagem central do serviço ao repórter. Não é impunemente que se desfruta o renome de escritor consagrado. Deve pagar-se um tributo à fama – e foi esse tributo que vimos Monteiro Lobato pagar, atendendo a ilustres conhecidos ou desconhecidos. Só nos intervalos conseguíamos ouvi-lo.

– Meu amigo, sei tanto do falado convite da Academia quanto você mesmo. Só o que foi publicado. E ainda assim talvez tenha perdido alguma coisa.

– Não recebeu convite?

– Nenhum.

– E admitindo-se que venha a ser eleito?

– Não posso impedir que me elejam, seja para o que for.

– Quer dizer que não comparecerá à cerimônia da praxe?

A gargalhada franca e companheira inseparável do escritor faz-se ouvir, espoucando em grande forma. E diz-nos então que jamais se conceberia fardado, com o uniforme clássico da Academia e aquela espadinha pendurada à cintura. Positivamente, nunca!

Depois a conversa foi outra vez desviada para outros motivos. Falou-se de tudo muito – e de literatura quase nada. Os ilustres amigos e desconhecidos continuam desfilando, e de tal modo que preferimos transferir o segundo capítulo da "grande novela" para melhor ocasião. Foi Lobato quem nos convidou, nessa altura, a visitá-lo em casa. Lá talvez o deixassem em paz, permitindo-nos a ambicionada palestra. Que fôssemos na manhã seguinte bem cedo. Com o fotógrafo? Para que fotógrafo, senhores?

– Não sei, não, mas talvez minha mulher o expulse... Ela é quem manda lá dentro...

E foi ainda com os ouvidos tomados pela nova gargalhada, estrondosa, sadia e franca, que nos retiramos da livraria da rua Quinze. Lá dentro – pobre consagrado Lobato! – ele ficava às voltas com ilustres conhecidos. Nós saímos vitoriosos na primeira etapa. Diversas pessoas, desde quando saltáramos na estação do Norte, procuraram demover-nos do propósito de ouvir o homem que menos gosta de conversa com gente de jornal. Talvez porque sempre foi jornalista.

A rua Alabastro fica distante, na Aclimação. É uma rua nova, aberta não faz muito tempo. Tão nova que o chofer ignorava-lhe a existência. Nós acreditamos piamente na ignorância do bom homem. Já o fotógrafo, ao nosso lado – sujeito incrédulo! –, punha em dúvida o não saber do chofer, preferindo admitir que as marchas e contramarchas do carro visavam apenas aumentar os algarismos do relógio.

Enfim, damos com a casa. Pagamos a corrida. Estamos invadindo o reduto encantado do homem que mais tem divertido as crianças brasileiras nestes últimos 10 anos. Não sabemos por que, veio-nos à memória o Sítio do Picapau Amarelo – ideia que logo se associou aos personagens, divertidos uns, sentenciosos outros, sábios ainda outros, dos livros de "seu" Lobato. Mas tudo aquilo talvez não exista na realidade, cedendo lugar à "torre de marfim" do escritor que já foi industrial e resolveu confessar, de público, ser mais fácil – para ele – enriquecer compondo histórias do que zelando a "conta corrente" de seus negócios. Apertamos o botão da campainha e não tarda que o próprio Lobato venha abrir-nos a porta, metido no seu casaco de pijama supinamente burguês, as sobrancelhas maciças – ah, as sobrancelhas de Monteiro Lobato, como franzem, meninos ledores das histórias de Dona Benta! – e os dedos nervosos, sempre apertando-se, talvez ressentidos da falta do lápis, tamborilando aqui, acolá, beliscando sempre uma folha de papel, uma lombada de livro, seja o que for...

Entramos. Lobato põe-nos à vontade, pedindo desculpas do que ele julga ser o desarranjo da casa. Não sabemos o que se compreenderia, então, por uma vivenda confortável, com todos os móveis em seus lugares... Mas aparece dona Purezinha, esposa do romancista, fortalecendo os pedidos de desculpas.

Estão ali "acampados", sem estarem as coisas onde deviam estar... E na verdade dona Purezinha não pode disfarçar o seu aborrecimento. Como foi injusto "seu" Lobato na véspera no-la pintando uma senhora capaz de expulsar repórter e fotógrafo... O que tínhámos à frente era a mais distinta dama patrícia, fidalga no modo de receber um estranho, pedindo desculpas em vez de expulsar, franqueando as dependências do *home* ao repórter, arredando móveis para o fotógrafo melhor dar conta da missão... E o que ambos, fotógrafo e repórter, fizemos ali dentro foi simplesmente vandálico. Arrancamos quadros das paredes, empurramos mesas para outros aposentos, levantamos tapetes e fizemos objetos de arte andar daqui para acolá. Depois, como se não bastasse essa invasão de bárbaros na torre de marfim do escritor mais lido no seu gênero, ainda as duas filhas do casal apareceram, para mais alegrar o ambiente: dona Marta, esposa do pintor Jurandir Campos, e Ruth, a caçula. Mas dona Purezinha continuava em tormenta com a impressão que podíamos levar da casa...

– Não se impressione com isso – atalhou finalmente Lobato. – Lembre-se de que muito breve iremos para o Olimpo... Eu serei imortal e também você por contágio. Você vai alimentar-se de néctar... Não terá preocupações com casa nem empregadas. Passará o dia calmamente debruçada numa bonita nuvem...

Dona Purezinha finge que se agastou com a pilhéria do marido e lamenta que a netinha, filha de dona Marta, esteja no colégio. Gostaria que a conhecêssemos. Assim, a chapa de Monteiro Lobato em família sairia mais completa – com a netinha e o genro, se ali estivessem. Apraz-nos ouvir dona Purezinha, colaboradora na intimidade e, sem dúvida, a grande animadora de Lobato, portas adentro do lar. Sente-se ali um perfume de felicidade e paz. Todos – pai, mãe e filhas – mais parecem irmãos, uns velhos, outros moços. E como se não bastasse tão reconfortante espetáculo, o daquele reino de harmonia, vimo-nos ainda levados para a mansão de dona Marta, onde outras chapas fotográficas foram batidas e onde também a nossa palestra com Lobato se desenvolveu. Ele fala de tudo e de todos. Claro, nem tudo quanto nos disse poderia ser divulgado. E muita coisa boa ficou exclusivamente saboreada pelo repórter. Mas ainda assim o que vai linhas adiante chega para satisfazer ao mais guloso dos leitores. Por fim, até o caso palpitante de Chico Xavier, psicografando as obras de Humberto de Campos, veio ao tabuleiro da discussão. Estamos vendo a fisionomia curiosa de quem nos lê, indagando qual a opinião de Monteiro Lobato sobre as obras psicografadas... Aí vai. O escritor não pertence à categoria dos que dão de ombros com indiferença, e não esconde o seu interesse pelo assunto, antes o estuda, o examina, o disseca. – "Aqueles versos de Augusto dos Anjos são tudo quanto pode existir de mais Augusto dos Anjos..."

–"Se o homem realmente produziu por conta própria tudo o que vem no *Parnaso*, então ele pode estar em qualquer academia, ocupando quantas cadeiras quiser..."

Afinal a entrevista!

Mas acontece que Monteiro Lobato é dos que preferem redigir do próprio punho as respostas. Não acredita muito na fidelidade dos repórteres, quando dão conta do que ouviram dele. Já teve seus aborrecimentos, pois não! E sabe, por experiência, os percalços de um redator quando tem de reconstruir uma conversa de horas e horas, mais tarde, em poucos minutos. Eis por que, embora tudo quanto escreveu fosse a repetição do que nos dissera de viva voz, preferiu ele mesmo redigir do próprio punho essas palavras. Quando saímos da vivenda simpática da Aclimação, deixávamos em mãos do criador de Jeca Tatu uma série de perguntas. E foi no seu "escritório" da livraria da rua Quinze, na tarde seguinte, que a mocinha do "caixa" nos entregou, datilografadas, as respostas de Lobato. Sobre ser uma reportagem, é também um precioso original de Monteiro Lobato o que se vai ler.

– Como recebeu Emília – a voz da consciência – a notícia do convite da Academia para ocupar a cadeira de Alcides Maia?

– Emília arregalou os olhos e voltando-se para Dona Benta perguntou: "Vóvó (ela às vezes chama Dona Benta de vóvó), como é aquele latim do tal Júlio César de Roma? *Tu quoque*... como é mesmo?". Dona Benta explicou de novo o *Tu quoque*

Brutus? e a diabinha: –"Pois é. Eu, para mim, a Academia é uma lata...".

Ninguém entendeu. Ela explicou:

– "Estou me lembrando da história das latas que o Quindim nos contou..."

– "Que história é essa?"

– "É a história de um caçador de borboletas que havia penetrado fundo no território de Uganda e encontrou uma tribo de negros completamente nus, mas enfeitados de latas vazias. O rei tinha uma lata grande na cabeça e varias latinhas em colar ao peito. A rainha usava sete. Os ministros e os cortesãos usavam uma, duas, três, quatro e até cinco – conforme o posto e a importância de cada um. Já a negrada comum vivia sem lata nenhuma no corpo – mas como todos se babavam de admiração pelos enlatados! Que tremendo lhes parecia o rei com a lata maior de todas na cabeça! O visitante ficou intrigadíssimo e, indagando, veio a saber de tudo.

Anos antes estivera acampada por lá uma expedição científica, americanamente aparelhada com grande tralha: tendas, microscópios, armadilhas para animais selvagens, belas carabinas e latas – oh, latas que não acabavam mais, de tudo: pêssegos da Califórnia, espargos Del Monte, *crab meat*, *lima beans* e quanta coisa gostosa há. Depois dum ano de estada ali retiraram-se, deixando no acampamento um grande monte de latas vazias, lindamente estampadas, de todas as cores e tamanhos. Aquilo impressionou profundamente os negros, e como jamais tinham visto lata de espécie nenhuma, o rei mandou recolhê-las e guardá-las todas em seu tesouro. Enfeitou-se com as mais bonitas, e com as menos bonitas foi condecorando a sua gente importante, ministros, cortesãos etc. O resto conservou para com elas homenagear os visitantes ilustres que passassem pelo seu reino. Foi o que fez ao tal caçador de borboletas, quando ele se despediu; deu uma grande festa e pendurou-lhe ao pescoço, cerimoniosamente, uma linda lata vazia de patê de *foie gras* de Nantes, das que têm um letreirinho dourado. Era a maior homenagem que o rei de Uganda poderia prestar ao seu insigne visitante. Desse modo, aquele montão de latas vazias deixado no acampamento pela expedição científica passou a fazer não só a felicidade dos negros como também a dos viajantes que Sua Majestade desejava distinguir...”

– “Mas que tem isso com a Academia?”

– “Minha ideia é que todas as distinções honoríficas neste mundo são latas vazias. Que é o chapéu de dois bicos dos diplomatas? Lata. Que é a tiara dos papas? Lata. Que é a mitra dos bispos? Lata. Que é o boné com folhas de louro do general MacArthur? Lata. Que são as fitinhas da Legião de Honra e as comandas do Gustavo Barroso? Latas. Pois a láurea acadêmica é também uma lata com que os homens se enfeitam para ficarem diferentes dos outros – dos tristes mortais que passam a vida inteira sem nem sequer uma latinha de massa de tomate ao pescoço! Lata, tudo é lata nesta vida. Tudo é lata e lata vazia, umas maiores e outras menores, umas grandes, como as de querosene, outras humildes, como as da sardinha.”

Emília olhou para mim com aquele terrível olharzinho emiliano:

– “Você viveu até aqui sem lata nenhuma pendurada ao peito. Agora querem que também traga uma. Os acadêmicos vão enlatá-lo. É isso...”

Assim falou Emília, concluiu Monteiro Lobato.

– Se for eleito, irá ocupar a cadeira de Alcides Maia?

– A única coisa que na minha qualidade de “corpo” eu ocupo neste mundo é um lugar no espaço – e haverá alguém que realmente ocupe outra coisa que não seja um lugar no espaço?

– Alguma vez pensou em ingressar no *Petit-Trianon*?

– *Petit-Trianon* era o nome dum dos três castelos encravados no parque de Versalhes. Luís XV, um dia, apaixonou-se pela botânica e para mais comodamente estudá-la fez construir o *Petit-Trianon*, ao lado do *Grand Trianon*. Mas parece que suas ocupações com as flores de carne do *Parc-aux-Cerfs* desinteressaram-no das flores vegetais do *Petit-Trianon*. Mais tarde Luís XVI deu o *Petit-Trianon* a Maria Antonieta de presente, a qual fez daquilo um ninho encantador; – dotou-o de um Templo do Amor, um teatrinho de comédia e mais as mil amenidades que desfecharam na guilhotina. Lá passava ela o seu tempo em doce *faineantise*, vestida de percale e chapéu de pastora, na companhia de madame Lamballe e outras. Essas duas palavras, "*Petit-Trianon*", provocavam no povo comum da França as mais estranhas e perversas sugestões. Ora, havendo um *Petit-Trianon* no Rio de Janeiro, frequentado misteriosamente por quarenta "imortais", que muito é que nós, rapazes cá do "sereno", ponhamos naquilo olhares compridos e queiramos penetrar no Olimpo? Quando nada, para ver quem são a Maria Antonieta e a Lamballe cariocas ou os Luíses de hoje.

– Já faz parte de qualquer outra academia?

– Como não! Fui eleito para várias, cujos nomes não me acodem no momento. Só me lembro de uma, a de São Paulo, onde também temos quarenta "imortais" (as academias hão de ser de quarenta, como as venezianas hão de ser verdes). Mas os imortais de São Paulo são "imortais mirins", como diz a Emília, contrapostos aos "imortais-guaçus" do Rio. Muitos imortais mirins não se contentam com isso e fazem-se também guaçus, como Menotti, Guilherme de Almeida, Afonso de Taunay, Cassiano Ricardo. O Visconde de Sabugosa, sempre tão rigoroso em matéria de ciência, classifica-os de "monoimortais" e "bi-imortais". Eu, um humilde mono paulista, estou ameaçado de passar a bi... Duas latas: uma de sardinha, outra de azeitona.

– Suas atividades literárias, neste momento, que orientação seguem?

– Não há uma bússola para o escritor que não se vende nem se aluga. Homens desse tipo em vez de bússola guiam-se por um ponteiro fixo e rígido que marca uma só direção: a do seu temperamento.

– Já se pode viver do que se escreve no Brasil?

– Conforme o que a gente escreve. Quem escreve para endeusar os poderosos do dia vive regaladamente do que escreve. E também vive do que escreve quem escreve como o povo quer que um escritor escreva. Eu de mim confesso que desde 1918, depois que vendi minha fazenda, tenho vivido do que escrevo, com exceção dos anos que passei nos Estados Unidos como parasita da pátria, numa adidura comercial.

– Pretende ficar sendo, a partir de agora, exclusivamente escritor ou pensa em desenvolver sua atividade em outros setores?

– Não compreendo o "de agora" da pergunta. Só fui duas coisas: fazendeiro e escritor. Continuei escritor mesmo depois que me monoimortalizaram. Não vejo nenhuma incompatibilidade absoluta entre qualquer tipo de imortalidade e a profissão de escritor; a incompatibilidade é apenas relativa – pecado venial...

– Como encara o após-guerra?

– Como um longo período de tentativas para o pagamento das contas, uma fase de calote nos tomadores de bônus de guerra, de tremenda crise financeira e econômica, de mais livros de Wells dizendo: "Eu não disse?", e por fim de novo armamentismo para a Terceira Guerra Mundial. A Segunda ainda vai deixar muita coisa em pé. Só com uma terceira conseguiremos arrasar a ordem social dominante e nos escombros erguer o que Wells preluz na *História do futuro*.

– Que emoção maior já lhe proporcionou sua vida de escritor?

– Difícil responder. Não ando com trena no bolso. As emoçõezinhas se sucedem, como cócegas, tilitações. Isso no começo. Depois vem o enjoo, e o que um escritor quer é que o não aborreçam com: "Eu gostei muito dos seus livros, sabe?..." e outros. Dá vontade de responder como o Maneco Lopes: "E que tenho eu com isso?".

– Escreve para as crianças por gosto, por tendência ou por que isso traz maiores compensações materiais?

– Por todas essas razões e ainda outras mais. Acho a criatura humana muito mais interessante no período infantil do que depois de idiotamente tornar-se adulta. As crianças acreditam cegamente no que digo; o adulto sorri com incredulidade. Quando afirmei a existência de petróleo no Brasil, as crianças todas acreditaram; os adultos duvidaram. Quando o primeiro poço revelou o petróleo no meu poço, o poço de Lobato, na Bahia, as crianças bateram palmas, alegríssimas. E os adultos? Limitaram-se a ficar com caras de asno e em seguida sabotaram-me. Quando falo às crianças do pó de pirlimpimpim, não há uma só que duvide dessa maravilha. Já o adulto sorri imbecilmente – e tenho de explicar-lhe ao ouvido que "pó de pirlimpimpim" é um sinônimo pitoresco do que, sem pitoresco nenhum, eles chamam "imaginação".

– Já pensou ter algum dos seus livros ou personagens no cinema? Gostaria de escrever para ele?

– Não. Há anos assisti a uma fita nacional intitulada *Drama num farol*. Vagabunda como todas. Ao sair, o fabricante da fita veio ao meu encontro: "Gostou? Está fiel?". Fiz cara de quem não entende – e ele: "Pois é. Tomamos o enredo daquele seu conto 'Os faroleiros'". Ao ouvir isso, avermelhei – envergonhei-me de ser o pai indireto da borracheira. A partir daí fiquei com a ideia de que cinemar entre nós um livro ou uma personagem é sinônimo de desnaturá-lo até ao irreconhecível.

– Como sentiu que era escritor?

– Senti um dia um galo na testa. "Será berne?", murmurei comigo. Espremi. Não era berne. Era o primeiro livro!...

– O jubileu dos *Urupês* o sensibilizou?

– Implico-me com o preciosismo da palavra "sensibilizar", tantas vezes a tenho visto nos cartões de pesâmes e outros em que os adultos me mentem suas mentiras de convenção. Nenhum jubileu sensibiliza (ah, lindo!), porque Deus dá nozes a quem não tem dentes. Os jubileus chegam tarde, quando já estamos embotados, gastos, fartos e refartos de tudo. Quem inventou essa história de meu jubileu foi o Carlos Sussekind de Mendonça, um amigo com o qual só estive uma ou duas vezes na vida. Isso, sim, me "sensibilizou" (ah, lindo!). Ninguém se lembrara de semelhante coisa, nem eu próprio – e ele se lembrou! Sensibilizei-me (ai, ai!), sem caçoada.

– Em que camadas de leitores seus livros encontram maior reação? As infantis? As humildes? As intelectuais?

– Meus livros saem muito mais nos meios infantis do que nos adultos. No total das minhas tiragens até fim do ano passado o livro para crianças entrava por dois terços – oitocentos mil em 1,2 milhão. E este ano a porcentagem recresce mais ainda: dos 340 mil exemplares já saídos e a saírem aqui e na Argentina, só haverá uns vinte mil para adultos. Leem-me os humildes. Os intelectuais sorriem...

– Seus bichos, dos livros, é claro, são símbolos?

– Não surgiram com essa intenção, mas aos poucos os críticos os vão transformando em símbolos. Quindim, o rinoceronte, é a bruteza humanizada. Rabicó, o leitão, é o estômago. O Burro Falante é a filosofia de Epiteto. Pelo Natal deste ano vão aparecer mais doze livros novos: *Os doze trabalhos de Hércules*. Pedrinho, o Visconde e Emília afundam na Grécia Heroica para acompanhar Hércules em todos os seus famosos trabalhos. O Visconde funciona como o escudeiro de Hércules, como Sancho o foi de Dom Quixote; Pedrinho funcionará como o oficial de gabinete do herói; e Emília será a "dadeira de ideias". Em algumas das aventuras o grande herói grego salva-se em virtude das ideias da Emília ou da oportuna intervenção do escudeiro. Dessa penetração na Grécia antiga, Pedrinho traz para o sítio de Dona Benta um personagem novo: Meioameio, um jovem centauro, ou um potro de centauro, como diz a Emília. Traz também o Cérbero, o cão de três cabeças e cauda de dragão que guardava a porta do inferno – mas Cérbero, adormecido por uma dose muito forte do pó de pirlimpimpim, não voltou mais a si, morreu e lá foi enterrado perto da horta, com um epitáfio da Emília...

– Sua obra está sendo divulgada em outros idiomas?

– Tenho contrato com a Editorial Americalee de Buenos Aires para a publicação de 23 livros, que estão saindo um atrás do outro, em otima tradução de Ramon Prieto e com desenhos de Baldassari. Em inglês, tradução de Philip Carr, devem sair em Londres por Jonathan Cape. Estamos em negociações.

– O industrial Monteiro Lobato alguma vez colidiu com o escritor Monteiro Lobato ou eles se conjugam?

– No primeiro *round*, o industrial Monteiro Lobato deixou quase nocaute o escritor Monteiro Lobato; mas este ingeriu um pouco do espinafre do Popeye e acabou pondo nocaute ao industrial. Resta que a Magra venha e acabe com a briga, recolhendo ambos ao pó.

– Pensa em viajar?

– Se me entregarem o passaporte que já paguei e não sai nunca, penso numa longa viagem pela costa do Pacífico para ver os Andes. Um dos sonhos da Emília é ir sentar-se no colo do Aconcágua para ouvir de sua veneranda boca a história da formação do continente. Será o meu último livro.

– Está contente com o escritor Monteiro Lobato? Que juízo faz dele?

– Formo uma excelente ideia desse sujeito. Sabe dar a mercadoria como o freguês a pede, e passou de vendedor de rua, em tabuleiro, a dono de empório. E, com a filial de Buenos Aires, a breve abertura de outra em Londres e duma terceira nos Estados Unidos, acabará com um *chain store* de primeira ordem. Meu juízo sobre ele é melhor do que sobre o seu sósia industrial.

– Alguma vez brigou com ele?

– Houve a luta já referida entre o escritor e o industrial, em que no primeiro *round* um quase aniquilou o outro; mas com a vitória definitiva do primeiro, a paz voltou a reinar em Varsóvia.

– Quer dar-lhe um conselho?

– Sim. Dir-lhe-ei ao ouvido que nunca troque o Sítio do Picapau Amarelo nem pela mais importante das fazendas de café de São Paulo.

– Se em vez de o elegerem para a Academia o fizessem para um cargo de mando, que faria você?

– Restauraria todas as liberdades. Tristão de Ataíde chamou-me "libertário". Fui ao dicionário ver o que era isso. Encontrei: "Amigo da liberdade em todos os sentidos". Emília mandou um abraço ao homem que me classificou tão bem.

– Que é feito do Jeca Tatu?
– Continua de cócoras, 'maginando...

– Conserva ideais?
– Tenho um coleção de ideais muito bem conservados em vidros de álcool...

– E qual a sua divisa?
– A que está num verso de Shakespeare – "E ISTO ACIMA DE TUDO: SÊ FIEL A TI MESMO".

* * *

E agora nossas observações pessoais sobre o homem e o escritor. Não há grande diferença entre um e outro, desde que Lobato-escritor produz seus livros com um sentido altamente humano, enquanto Lobato-homem vale por um prolongamento do primeiro. Sem quebra de continuidade, eles se completam, ajustando-se em um amálgama de grande alcance intelectual. Portas adentro da casa de ambos, que são uma única e respeitável figura das letras do continente, deparamos com um cidadão simples e disposto a não alterar a sua linha de conduta, mesmo nas menores coisas. Quando o fotógrafo, preocupado com o efeito de luz a obter na sua chapa, vai retirar um quadro da parede e a moldura, afetada pelo tempo, esboroa num canto, Lobato não aparenta dar a menor importância. Olha de frente, com os cabelos brancos em desalinho, sempre iluminado pelo sorriso de aparência cética e põe o rapaz à vontade. Não tem a menor importância: a casa das molduras precisa ganhar dinheiro, já é tempo de mandar substituir o caixilho do quadro... E quando lhe fazemos sentir que esta entrevista foi um dos motivos principais da nossa viagem a São Paulo, dá mostra de revolta.

– Veio de tão longe só para me conhecer? Absurdo! Que importância exagerada me está dando, amigo!

E conclui:

– Está perdendo seu tempo. Quer um conselho? Vá conhecer alguma coisa da terra e deixe os homens em paz... Os homens mudam, a terra é inalteravel. Vá por aí adentro, embrenhe-se pelo interior e observe alguma coisa de proveitoso. Aqui na capital só encontrará casas mais altas, ruas mais cheias e coisas parecidas ao que de igual existe em todas as cidades modernas. Mas ao contato com a terra você sentirá o que não pode sentir nas avenidas asfaltadas. Nem precisará olhar tão para cima, se quiser ver coisas que prestam.

– Queremos conhecer detalhes da consagração de Jeca Tatu feita pelo verbo de Rui Barbosa. Quando ela se deu, era já amigo do senador baiano?

– Eu começava praticamente minha carreira de escritor – responde-nos prontamente. – *Urupês* estava apenas em sua terceira edição e minhas atividades desdobravam-se em outros setores. Fui também surpreendido com a atitude de Rui, com quem nunca havia falado, a quem jamais havia visto.

– Mas desde logo o procurou...

– Não foi bem assim. Só mais tarde, 5 anos depois, de passagem pelo Rio, tive ocasião de encontrar-me com Rui Barbosa. Fui procurá-lo na rua São Clemente. Conversamos uma tarde. Depois nunca mais nos vimos.

E assim Monteiro Lobato, alheio a louvores, é na realidade um indivíduo voltado para a sua profissão de escritor. Sente-se, porém, que na casa discreta da Aclimação paira um ambiente de paz e conforto espiritual, presidido pela esposa. Em verdade, dona Purezinha, sem aparentar a mais leve pose ou requinte de vaidade pelo fato de ser a mãe dos filhos de Lobato, vela por ele com sentimento quase maternal. Dirige-lhe pequenas censuras, em ar de pilhéria, como procurando conter-lhe a impetuosidade da palavra, quando esta parece querer exceder-se. De resto, Lobato deu-nos a impressão exata de um cidadão compenetrado de suas obrigações e dos seus direitos. Nossa conversa abrangeu vários temas. Naturalmente, nem tudo quanto foi conversado é reproduzido nestas colunas, até porque a reportagem estava com suas fronteiras previamente delineadas. Mas as ideias, as sugestões, até mesmo as censuras do escritor a fatos e pessoas jorravam com espontaneidade sem igual. A palavra do homem é fluente, impetuosa e sadia. Caboclo de atitudes, ele não oculta seus verdadeiros sentimentos, antes os expande de coração aberto, como se tivesse a seu lado, não o repórter quase desconhecido, mas um velho amigo. Era, realmente, um amigo quem o ouvia, como tantos que lhe conhecem a obra. E que mais sólida amizade pode forjar-se, senão essa provocada pelo trabalho intelectual de um indivíduo!

Seu álbum de família esteve sobre nossos joelhos. E nossos dedos foram virando aquelas páginas esmaecidas pelo tempo, onde se encontram retratos de tempos que não voltam mais, retratos com Lobato em família, viajando, escrevendo, pintando ou passeando com a esposa e os filhos. Dizemos – "os filhos" – porque além das duas moças que ali estavam à nossa frente o casal Lobato também teve dois rebentos masculinos. Mas ambos já não pertencem ao número dos vivos. Um deles foi arrancado ao convívio paterno há bem pouco tempo. Seus retratos, juntos, ali estavam também sobre aquele móvel, na sala de refeições. E quando aludimos a eles, os olhos de dona Purezinha cobrem-se de tristeza. Suas pálpebras descem. Suas mãos cruzam-se no regaço – ela está sentada em uma poltrona, ouvindo muito e falando quase nada – e toda se toma de pesar. Não queremos estender a conversa nesse rumo, mas dona Purezinha sente-se à vontade referindo-se às qualidades dos filhos que Deus não quis deixar mais tempo a seu lado. O ambiente está igualmente toldado. Há uma pausa desagradável. É Monteiro Lobato quem faz quebrar o silêncio, erguendo-se da poltrona onde folheava ao acaso um exemplar de matutino, para dizer em ar de pilhéria:

– Bem, mas não falemos em coisas tristes. Nossos filhos estão em lugar muito melhor que este onde nos encontramos. Francamente, eles devem é ser invejados, não lamentados.

Desanuvia-se o ambiente. Agora é dona Purezinha quem se apodera do álbum, para retirar outros retratos do marido – e dá com duas pequenas aquarelas.

– Não sabia? Ele também pinta...

Lobato finge um entusiasmo extraordinário pela sua obra de aquarelista. Exagera essa autoadmiração, para dizer-nos:

– Que tal? Nada mau, hein?

Mas dona Purezinha, quase em sussurro, diz-nos que prefere o escritor ao pintor. E adianta – retomada de bom humor – que, se Monteiro Lobato apenas pintasse, nunca seria sua esposa...

– Está você muito enganada. Casaria comigo de qualquer modo. Isso de casamento é predestinação.

As filhas divertem-se com o rumo que a conversa vai seguindo agora. E continuam lamentando a ausência da filhinha de dona Marta, que está no colégio...

Quando o telefone tilinta, Lobato interrompe:

– Vai ver que é outro entrevistador...

E não se engana. Dois minutos passados, agarrado ao fone no aposento imediato, nós o ouvimos dizer no seu sotaque paulista:

– Mas que quer que lhe diga, homem? Não sei nada com relação à Academia... Não recebi convite algum. Não tenho nada a dizer...

O homem que não dispunha de cinco minutos para atender ao repórter vindo do Rio acaba perdendo toda a manhã conversando sobre mil coisas e perguntando sobre outras mil. Sente-se que Lobato tem o faro do repórter. Não se limita a ser entrevistado, mas também entrevista, mesmo aparentando desinteresse pelos homens e as coisas terrestres. Em relação às espirituais, ali está sem dúvida um analista, não um incrédulo. Parece-nos existir, sob a capa do grande cético, um grande romântico, talvez envergonhado de o ser. Os maiores realistas não raro disfarçam outra personalidade – a do sonhador. E o pó de pirlimpimpim imaginado pelo novelista das crianças deve ser, realmente, um símbolo da imaginação ultrafértil de Monteiro Lobato. Para não perder uma *blague*, ele é capaz de perder um admirador, senão um amigo, mas no momento oportuno será capaz de perder alguma coisa de seu para servir o amigo. Quando o fotografamos à porta da Livraria Civilização, espanta-se com a aglomeração que se forma na calçada.

– Ande depressa com isso – diz ao fotógrafo. – Já há muita gente espiando. Vão pensar que se trata de algum fenômeno...

E posa com visível constrangimento. Por vingança, a chapa cisma de velar. E não se aproveitou...

* * *

Mas afinal, seja qual for o desfecho desta original questão literária, se assim pode chamar-se, ele não poderá modificar a admiração de todos nós pelo industrial que preferiu tornar-se escritor e publicamente confessa que foi como escritor que conseguiu melhores proventos materiais. Não só materiais como também espirituais. Continuasse apenas o industrial, e seu nome deixaria de ter a repercussão que hoje desfruta. Ele próprio assim reconheceu, dizendo a um repórter:

– Passei a vida tentando fazer dinheiro com a indústria e não dando importância à minha literatura. No fim, que é que me deu dinheiro? A minha literatura, só ela. Em tudo mais perdi dinheiro, tempo e por algumas semanas até a liberdade.

Mas na condição de escritor, Lobato serve à coletividade. Quando escreve para as crianças, o faz consciente de estar colaborando na formação espiritual de uma geração que se apresta a continuar a tarefa desta geração cheia de provações, da qual participamos. A criança é a preocupação dominante do escritor e do homem.

Quando nos despedimos, segura-nos o braço e pergunta:

– Tem crianças em casa?

À resposta afirmativa, toma dois tomos das *Aventuras de Naricita*, sua primeira obra infantil recém-publicada em Buenos Aires e apõe-lhe esta dedicatória:

"Para a Maria Celeste e o Sérgio aprenderem o espanhol com a Emília...".

Monteiro Lobato fala sobre o problema judaico e outros assuntos*

Falar sobre Monteiro Lobato quer dizer falar sobre o maior vulto da literatura brasileira contemporânea. Daí o motivo que nos levou a entrevistar esse notável homem de letras, cujo nome já de há muito atravessa as fronteiras do Brasil.

Em seu gabinete de trabalho defrontamo-nos com um homem de 50 e poucos anos, de estatura média, sentado comodamente em uma poltrona. O tempo já embranqueceu grande parte do seu cabelo. Sua fronte se contrai constantemente; e sob as sobrancelhas hirsutas e unidas dois olhos vivos irradiam extrema inteligência. Imensamente afável, desde os primeiros momentos atrai e encanta.

Abordamos toda sorte de assuntos. Falamos de tudo e a resposta à primeira pergunta "Onde nasceu?" é bem pormenorizada e intercalada de fino humorismo.

– Nasci numa cama, atrapalhadíssimo com a luz do dia, coisa tremendamente misteriosa para quem a sente pela primeira vez. É provável que eu não tenha compreendido nada do fenômeno – ponto em que já ao nascer eu estava de acordo com Einstein. Einstein explica a luz, mas não a entende, como o confessa na *Evolução da física*. Nasci em Taubaté, a 18 de abril de 1882. Tive mestres em casa, andei em escolas e colégios, cursei uma academia de Direito e por fim entrei para a Universidade da Vida.

E entrou com o pé direito...

* *Reportagem de Nelson Vainer realizada entre 1940 e 1945. Nota da edição de 2009.*

Na Universidade da Vida Monteiro Lobato descobriu que a realidade fornece ao escritor mais, muito mais, que a contribuição frívola da fantasia. E tornou-se um escritor. Criou um MONTEIRO LOBATO que a princípio escreveu "para gente grande", depois para crianças.

"Gosto bastante dos meus contos para gente grande" – declarou recentemente a meu amigo Luís de Gonzaga Alves, em uma entrevista para a revista *Universal* –, "talvez pela paciência com que os escrevi, num tempo em que escrevia só pelo prazer de escrever. Fui um escritor enquanto não sabia que o era; esse belo escritor morreu quando se conscientizou. Surgiu em lugar dele a sórdida coisa que é o profissional, o homem de letras."

Não estará contente o autor de *Urupês* com essa transformação?

Eis onde paira a dúvida dos que acompanham as atividades literárias desse incansável homem de letras. Se há tempos, quando escrevia pelo prazer de escrever, vendo o seu nome aureolado pela glória, não sabia que era um escritor, talvez ignore atualmente que como "profissional" é o escritor brasileiro que está prestando os maiores e mais úteis serviços à cultura brasileira.

Como tradutor aproximou o povo brasileiro de países e povos de várias mentalidades. Adepto do realismo, traduziu as melhores obras daquele espírito torturado que foi o grande escritor americano, o incomparável realista Jack London. Seguiram-se, depois, dezenas e dezenas de traduções de obras mundialmente conhecidas, de Wells, Kipling, Durant, Bradley, Lodge e outros tantos que iluminaram com suas obras este imenso Universo que ainda vive em trevas.

Ainda como "profissional" Monteiro Lobato tornou-se o Andersen brasileiro. Com a criação do "Sítio de Dona Benta", conseguiu criar também centenas de milhares de pequenos leitores por este imenso Brasil e mais tantos jovens e adultos que leem com avidez as suas obras escritas para crianças. Depois de numerosos livros que constituem as maiores pérolas da literatura infantil brasileira, escreveu a *História do mundo para as crianças*. Nesta obra o Andersen brasileiro leva as crianças à origem dos séculos. Porém, não à origem confusa que nos relata a Bíblia, com Adão, e Eva, a maçã e a serpente... Leva-as à origem da formação do nosso planeta, consoante nos ensinam os grandes sábios.

E, ao contrário do que muitos podem pensar, não julga perniciosa a publicação dessas "coisas tremendas", de bandidos e heróis fantásticos, que as revistas produzem, mesmo porque perniciosa só lhe parece a restrição da liberdade do homem fazer o que quer. Todavia recomenda: "Dar aos meninos bons livros, adequados à idade, é o melhor meio de formar homens".

À nossa pergunta sobre a literatura brasileira e sobre as possibilidades de um escritor brasileiro obter o prêmio Nobel, respondeu-nos: – "No dia em que tivermos um autor que escreva para o mundo, em vez de escrever para apenas um pedacinho do mundo, nesse dia teremos o prêmio Nobel".

Vem à baila o caso judaico. Sabe-se perfeitamente que o Brasil é um "paraíso terreal descoberto", onde não existem questões raciais, onde os homens de boa vontade, de todos os credos e nacionalidades, são recebidos de braços abertos e onde vivem na maior harmonia. Quanto aos intelectuais brasileiros, estes condenam o ódio à raça hebraica que atualmente convulsiona a Europa em chamas.

Eis como Monteiro Lobato encara o problema judeu, vendo-o por um prisma real – esse realismo tão peculiar ao ilustre autor de *Cidades mortas*:

– "O maior drama da História temo-lo na vida dos judeus, a raça que, como disse Heine, criou para si mesma uma 'pátria portátil' e talvez por essa razão se tornasse indestrutível – e tão perseguida pelas raças de pátria fixa. Várias circunstâncias tornaram o judeu um povo à parte, e eterno aluno da Escola da Adversidade. E se o cursar essa escola durante séculos traz realmente superioridade, o povo judeu tem razão no alto juízo que faz de si mesmo, porque nenhum outro fez na escola terrível curso tão longo. Daí o aparentemente estranho fenômeno de um povo tão pequeno em número (não passam de quinze milhões os judeus no mundo inteiro) ter produzido grandes homens e grandes coisas em proporção tremendamente superior à dos demais povos, a ponto de tornar-se um eterno 'caso' no mundo. Em que era, em que momento histórico o judeu não foi um caso do dia?

O mais surpreendente, porém, de tudo o que aconteceu a esse povo é o que hoje, horrorizados, presenciamos. A ferocíssima perseguição de que está sendo vítima apenas revela que a Civilização, de que tanto nos orgulhávamos, não tinha raízes profundas, não passava de levíssima camada de verniz quebradiço por sobre uma barbárie fundamental. Rompeu-se o verniz e já não há distinguir os altos dirigentes de hoje de seus 'barbáros' antepassados babilônicos, assírios, romanos ou medievais. A mentalidade de Nabucodonosor, que julgávamos evoluída, está, sim, apetrechada dos novos instrumentos de destruir que a ciência trouxe. E a Escola da Adversidade dos judeus, que julgávamos extinta, recebeu o trágico apêndice do campo de concentração de Dachau...

Muito difícil abordar hoje o assunto judeu. A atmosfera está totalmente envenenada. O vento de loucura, que varre o mundo e chega até a prenunciar a queda da *Homo sapiens* do seu trono de dominação do planeta (talvez para a entronização do muito mais ameno *Uncia tigris*), não deixa que se discuta a questão judaica. Os valores de ontem, cristalizados em séculos de civilização, derreteram-se; e os valores de amanhã ninguém sabe quais venham a ser. Como pois discutir qualquer questão, sobretudo uma delicada como esta?

Cumpre-nos apenas, a nós que afundamos na *maelstrom* do Ocidente, sonhar com um novo Messias que nos reensine aquele 'Amai-vos uns aos outros' que falhou – mas que é a única luz para a qual o *Homo* pode apelar, caso pretenda persistir na dominação do planeta. Da política reversa, hoje dominante, do 'Odiai-vos uns aos outros', só pode vir o que está vindo: soçobro, destruição totalitária. Destruição da obra material das gerações, nas cidades e campos; destruição do lento acúmulo de sedimentação moral; destruição da camada de 'humanidade' que se vinha sobrepondo à ferocidade natural do gorila passado a homem, penosamente formada durante milênios de martírio na terra.

Veremos de novo a luz, ou irá realizar-se a profecia de H. G. Wells? Estaremos em meio duma passageira crise de histerismo destruidor, ou a entrar num 'período glacial' de novo gênero – não mais a glaciação física com o avanço dos gelos do polo, mas a horrenda glaciação da alma?

Só o futuro o dirá."

Finalmente falamos sobre o petróleo.

– "O problema do petróleo!..." – exclama o grande escritor. – "Atirei-me a ele com muito ardor. A causa venceu. Nada mais tenho a dizer, nem a fazer. A glória irá para os adesistas da undécima hora, mas isso não me interessa. Meu desejo foi apenas que viesse o petróleo, por mil e uma razões econômicas.

Tenho um livro, *O poço do Visconde*, onde a geologia do petróleo está ao alcance de todos. E nele um grande geólogo, o maior dos geólogos brasileiros, o Visconde de Sabugosa, chega a fazer profecias tremendas. Referindo-se aos pontos onde saiu o petróleo no Brasil, ele menciona a descoberta do 'Lobato', na Bahia, com 2 anos de antecedência. Diz ele, na página 158, depois de mencionar o ponto do nosso território em que o petróleo brotou: 'A Bahia perfurou na zona dos camamus e encheu-se de petróleo; até na zona do Lobato, nos subúrbios da capital, abriram-se poços de excelente petróleo'. Isso disse ele em 1937, ano da publicação do *Poço do Visconde* – e em janeiro de 1939 o fato se confirmava: brotou o petróleo no Lobato. Se houvesse justiça no mundo, os baianos levantariam uma estátua ao Visconde de Sabugosa, o geólogo profeta."

"Insultos ao Brasil"*

Em alarmadíssimo artigo no *Diário da Noite* de 13 do corrente, alguém denunciou a *Geografia de Dona Benta*, publicada o ano passado, como livro deletério, separatista, "sintoma alarmante da desagregação subterrânea do Brasil". E para documentação do alarma citou os trechos de maior gravidade, isto é, os mais insultantes para o Brasil. Nessa obra incrível, diz o articulista, encontramos diálogos como este:

– "Estou também vendo dois trens em marcha, um que vem do Rio e outro que vem de São Paulo..."

– "Então feche os olhos antes que se choquem. Essa estrada diverte-se todos os dias em brincar de desastre de trens. É federal..."

Interpelado sobre essa acusação pelo repórter, Monteiro Lobato respondeu:

– Trata-se de um trecho em que Dona Benta mostra aos meninos as coisas de São Paulo vistas ao longe, panoramicamente. Os dois trens apontados são da Central. O articulista do *Diário da Noite* acha tremendamente insultante para o Brasil que a velhinha conte aos netos o que essa estrada de ferro realmente é.

Mas haverá neste país quem ignore que a Central ocupa o primeiro lugar entre todas as estradas do mundo em matéria de desastres? Que chegou à maravilha de num mês de não sei que ano conseguir o recorde de 32 desastres em trinta dias? Que a rubrica "Desastre da Central" se tornou permanente nos

* *Entrevista dada ao* Radical em *1936. Nota da edição de 2009.*

jornais? Que o povo traduz a E.F.C.B. como Estrada de Ferro Caveira de Burro?

E por que é assim? Resposta: porque é federal, como muito bem explicou Dona Benta. Unicamente por isso. Existe em todos os serviços públicos federais um mal secreto que governo nenhum tem conseguido corrigir. Não há brasileiro que por experiência própria desconheça tal calamidade crônica, velhíssima, irredutível, agravada pela Republica Nova. O emperro burocrático, a falta de racionalização, a lentidão desesperadora do papelório, o descaso absoluto pelo público... Meu Deus! Haverá quem não tenha consciência da calamidade administrativa federal?

As estradas de ferro particulares, como a São Paulo Railway ou a Companhia Paulista, porque não são federais, mostram-se modelares. A São Paulo Railway só teve um desastre em toda a sua existência – e isso ainda no tempo da Monarquia. Atravessou os quarenta anos da República Velha e os seis da República Nova sem um só acidente. O último desastre da Paulista foi há tanto tempo que dele o povo já não guarda memória. Por quê? Porque não são federais. Federalizadas, cairiam no regime da Central, do desastre diário. Logo, a Central é o que é por ser federal.

Essa estrada tem hoje como diretor um dos homens de maior capacidade técnica e boa vontade do Brasil, o coronel Mendonça Lima. Mas pode Mendonça Lima corrigir os males crônicos da Central? Não. Por maiores que sejam os seus esforços, nada conseguirá fazer porque a estrada é federal. Fosse particular, como a São Paulo Railway ou a Paulista, e ele a poria com tanta ordem, eficiência e segurança como a São Paulo Railway ou a Paulista.

Dona Benta, pois, disse aos seus netos a verdade pura, e uma verdade do conhecimento do mundo inteiro. Mendonça Lima e todos os ex-diretores da Central devem, por experiência própria, estar acordes neste ponto: a impossibilidade de corrigir os defeitos da Central decorre unicamente de ser ela federal. O vício da "federalice" é irredutível, por maiores que sejam a competência e a boa vontade dos diretores de serviços.

Não há nenhum insulto ao Brasil no fato de uma vovó contar aos netos o que é e todos os adultos sabem. Insulto ao Brasil é a Central e todos os outros serviços públicos federais serem o que são. Não será mentindo às crianças que consertaremos as nossas coisas tortas. Sim, consertando as coisas tortas. Insulto ao Brasil é o governo conservar a nossa maior estrada como perpétua detentora do recorde da desastralidade.

Mais adiante o articulista diz: "O espírito separatista que anima todo o livro se denuncia claramente, como aqui: 'São Paulo é um pequeno país, capaz de viver por si mesmo, bastando-se a si próprio em tudo. Mato Grosso, que fica lá atrás, não passa de uma dependência de São Paulo, espécie de fundo de quintal'".

– Mas é isso mesmo. Pelas suas realizações na agricultura e na indústria, São Paulo é uma pequena nação que se basta a si mesma. Não há quem desconheça o fato, e estão aí as estatísticas dos variadíssimos produtos que saem das fazendas e fábricas de São Paulo para o demonstrar. E no dia em que alguém puder dizer o mesmo de todas as outras unidades da federação, nesse dia o Brasil estará um dos maiores países do mundo em desenvolvimento e riqueza. Constatar essa verdade é então separatismo?

Mato Grosso. Mas Mato Grosso é também, de fato, uma espécie de fundo de quintal de São Paulo. Esse imenso trecho de terras que vai da costa atlântica às fronteiras do Paraguai e da Bolívia está politicamente dividido em duas seções, uma com o nome de São Paulo e outra com o nome de Mato Grosso. Mas geograficamente é um trato de terra contínuo que nenhum acidente geográfico divide. A fachada desse trato de terra, a frente que dá para o mar, é São Paulo; o fundo é Mato Grosso. A parte povoada, já desenvolvida, é São Paulo; a parte ainda quase deserta e a desenvolver-se é Mato Grosso. A imagem da casa e do fundo de quintal, que Dona Benta usou, dá às crianças uma ideia nítida da situação.

O *quintal* mato-grossense tem a sua saída natural através da *casa* paulista. Os negócios de Mato Grosso são com São Paulo. O desenvolvimento de Mato Grosso está condicionado ao desenvolvimento de São Paulo. O mesmo acontece com o Triângulo Mineiro, que, embora politicamente faça parte de Minas, geográfica e economicamente faz parte de São Paulo. Qualquer bom compêndio de geografia observa o fenômeno.

Onde o separatismo?

"Não é só", continua o articulista cada vez mais alarmado. Leiam e pasmem: "O verdadeiro São Paulo compõe-se de São Paulo, Paraná e Mato Grosso".

– O pasmo aqui deve ser apenas do erro cometido por Dona Benta, não incluindo na lista também o Triângulo Mineiro e o estado de Goiás. O verdadeiro São Paulo geográfico compreende o território de todos esses estados. O complexo econômico é o mesmo, a norma de desenvolvimento é a mesma, a capital natural de toda a imensa região é a mesma: – a cidade de São Paulo. O número de negócios que na cidade de São Paulo se realizam para toda essa zona é enorme. As sobras do capital paulista é por toda essa zona que se derramam. E no dia em que Mato Grosso tirar o petróleo do Pantanal, a capital do petróleo mato-grossense será fatalmente São Paulo – e não Recife, Rio de Janeiro ou Manaus.

Entre São Paulo, o Amazonas ou o Pará, por exemplo, não existe ligação geográfica nenhuma, nem interdependência econômica; mas entre São Paulo, Paraná, Mato Grosso, Goiás e o Triângulo Mineiro essa interdependência existe e se faz cada dia mais acentuada, por influição do fator geográfico. Nada mais natural, pois, que Dona Benta, velha sabida, dissesse aos netos que o verdadeiro São Paulo se compõe de todos esses estados.

Onde o separatismo? Onde coisa que pasme?

Esta questão de separatismo é bom que seja esclarecida. Tenho para mim que o separatismo é uma ideia tão defensável como outra qualquer. E tempo houve em que fui separatista, não atrás da porta, mas pela primeira coluna do *Correio da Manhã*. Lembro-me dum meu artigo. "O direito de secessão", em que se defendia a tese de uma parte ter o direito de separar-se do todo sempre que isso lhe fosse de interesse vital. Tornei-me nesse tempo separatista por não ver meio do Brasil ser feliz em bloco, podendo, entretanto, ser feliz parcelado.

Mas minha estada na América mudou meu pensamento. Encontrei lá um país do tamanho do nosso, com as partes perfeitamente felizes dentro do todo. E estudando o porquê, convenci-me de que fora o tremendo desenvolvimento econômico, consequente à produção do ferro e do petróleo, que homogeneizou o país, impossibilitando a estagnação criadora dos regionalismos separatistas. E desde então dediquei todos os meus esforços à solução do nosso problema do ferro e do petróleo, como meio de obtermos cá o desenvolvimento econômico e a consequente homogeneização observada lá. Em meu livro *América* desenvolvo este ponto de vista.

Por falta de ferro e petróleo não pudemos criar a máquina. Por falta de transporte ficamos o que somos: uma série de lagoas estagnadas sem comunicação entre si – os estados.

A estagnação, a falta de intercomunicação, criou os regionalismos, ou a diferenciação por falta de intermistura. Em vez de um país à moda dos Estados Unidos, absolutamente homogêneo, com uma consciência coletiva que reage da mesma maneira de norte a sul e de leste a oeste, ficamos uma série de compartimentos estanques – a Amazônia, o Nordeste, São Paulo, Minas, o Rio Grande, separados, fortemente diferenciados, cada região com sua consciência regional, sua psíquica regional, sua política regional – e dia a dia mais antagonizados. Chegamos a tal ponto de separação que os choques inter-regionais já começaram. Tivemos em 1930 e em 1932 guerras entre estados.

Ora, o recurso que os unionistas encontraram para sufocar o separatismo crescente se resume em impor a reunião pela violência. Mas a violência jamais criou coisa alguma no mundo. E lançada contra ideologias só consegue dar-lhes viço maior. A violência da repressão romana contra os primeiros cristãos criou o cristianismo. A crudelíssima repressão czarista contra o liberalismo russo criou o comunismo. Entre nós, esse apelo à violência contra o separatismo e o comunismo só servirá para desenvolver tanto um como outro. Ideias combatem-se com ideias, jamais com tiro ou prisão.

O meio inteligente de sustar o separatismo e o comunismo é indireto: é dando ferro e petróleo ao país. Ferro, matéria-prima da máquina; petróleo, matéria-prima da energia que move a máquina. Com a máquina teremos transporte e, portanto, mobilização das riquezas naturais. Essa mobilização trará onímoda riqueza, trará destruição dos regionalismos hostis, trará alívio à miséria do povo, causa de todos os comunismos desesperados.

Por chegar a essas conclusões é que passei a dedicar minha

vida não somente a pregar tais ideias como a agir por todos os meios no terreno prático, a fim de dar ferro e petróleo ao Brasil. As companhias de ferro e petróleo que da minha ação nasceram têm um fim mais alto do que aparentemente se possa supor. Não é apenas o fito de fazer dinheiro que as norteia. Quem quer fazer dinheiro mete-se em bandalheiras políticas, na indústria de tarifas, nas negociatas administrativas, não em negócios dificílimos, problemáticos, inçados de dificuldades tremendas, como esse do ferro e do petróleo, nos quais há que lutar contra tudo – a descrença do povo, a retração dos capitalistas, o emperro e as manobras hostis dos serviços federais, a guerra subterrânea dos trustes estrangeiros que nos querem manter em perpétuo estado de escravização ferrífera e petrolífera.

Mas a ideia da possibilidade do Brasil unido pelo nexo do ferro e do petróleo dá muita força à fraqueza desse escritor de livros para crianças, que tudo arrasta para criar uma união de fato, à moda americana, pelo desenvolvimento do país, e não pela violência das armas.

Separação, temo-la já. A inépcia dos nossos governos a criou. Faz-se mister agora, ao invés de contra ela deblaterar e puxar a faca, criar a união – o que só é possível aplicando aqui a receita norte-americana. Só o desenvolvimento econômico do Brasil mantê-lo-á unido – mas unido alegremente, consentidamente, e não à força, com o desagrado e o martírio das partes. E desenvolvimento econômico só o teremos quando tivermos petróleo, na máxima abundância, para mover as montanhas de minério de ferro de Minas transformadas em máquinas "unificadoras".

E é contra quem mais furiosamente vem trabalhando pela união que o articulista do *Diário da Noite* concita o Exército: – "Separatista! Tiro de canhão nele!".

Esse livro de Dona Benta vem sendo criticado justamente pelo que a meu ver constitui o seu único mérito: dizer às crianças, que serão os homens de amanhã, a verdade inteira. Habituamo-nos de tal modo ao regime da mentira convencional que a verdade nos dói e causa indignação ao "patriota". Patriota é o sujeito que mente, o que falsifica os fatos, o que esconde as mazelas, o que transmite às crianças a sórdida porcaria que recebeu de trás. É o que diz que os nossos governos são bons, que a Central presta, que somos o mais rico país do mundo, o mais inteligente etc.

Ora, inoculada de todas essas falsidades, a criança de hoje passará a adulto convencida de que tudo corre pelo melhor, no melhor dos mundos possíveis – e a nossa miséria e o nosso descalabro irão se perpetuando e se agravando.

Temos deveres para com o futuro. Já que não soubemos ou não pudemos consertar as coisas tortas herdadas, tenhamos ao menos a hombridade de não iludir nossos filhos. "Falhamos" – deve ser a nossa linguagem. "Não pudemos corrigir os erros vindos de trás. Não pudemos conseguir um bom governo. Não pudemos endireitar a Central – nem o Departamento Nacional da Produção Mineral. Mas vocês, que vão constituir o Brasil de amanhã, saibam disso, enfronhem-se desde já das mazelas vigentes; e quando virarem adultos tratem de fazer o que a nós não foi possível. Tratem de consertar o Brasil, pois do contrário sofrerão ainda mais do que nós. Males que se agravam progressivamente tornam-se cada vez mais dolorosos."

O doente que admite estar doente e vai ao médico pode sarar. Mas o doente que nega, que esconde, que enfeita a sua doença, esse não escapa. Tenhamos a nobre coragem de admitir nossas doenças – e estaremos a meio caminho da cura.

"Eu sou um homem sem função"*

Comemora-se hoje nos meios intelectuais brasileiros o 25º aniversário da data de publicação do livro de Monteiro Lobato *Urupês*. O livro de contos do eminente escritor nacional ficou no cenário intelectual brasileiro como um marco da nossa história literária. De fato, com o seu estilo e sua maneira de ver as coisas, tão refletores da terra, Monteiro Lobato iniciou uma fase literária verdadeiramente nacional.

O grande autor de *Urupês* formou-se em Direito e foi ser fazendeiro, após ter passado pela promotoria pública de Areias, cargo que abandonou para viver em uma fazenda herdada do Visconde de Tremembé, seu avô, e situada na Serra da Mantiqueira, no município de Buquira.

Hoje cedo procuramos ouvi-lo. Monteiro Lobato recebeu-nos em sua casa e foi dizendo que não dava entrevistas. Insistimos durante muito tempo, quase sem esperanças. Mas Monteiro Lobato é um admirável conversador e enquanto a conversa tomava rumos diferentes, que não o do nosso propósito, fomos anotando algumas observações. Por fim ele aquiesceu – "para não desapontar você", frisou. "Mas não direi grandes novidades."

– Como nasceram os contos de *Urupês*?

– É simples – disse-nos levantando as vastas sobrancelhas. – Nasceu como nascem todas as coisas. Cresceu, apareceu e

* *Entrevista concedida ao* Diário da Noite *em 1943. Nota da edição de 2009.*

vai vivendo a sua vidinha. O livro é da roça, pois foi em minha fazenda que o escrevi, e reflete com nitidez o ambiente do interior paulista no Vale do Paraíba.

– Mas deve haver uma razão mais profunda – insistimos – para que esses contos tenham sido feitos.

– Há. Mas o que eu disser você não poderá publicar...

Concordamos com Monteiro Lobato. Tínhamos outra pergunta e a ela o pai da Emília e de tantas histórias maravilhosas nos respondeu da seguinte maneira:

– A maior ilusão que tive a respeito desse livro foi esperar que a primeira edição de mil exemplares levasse uns 3 ou 4 anos para sair, e como saiu em uma semana, fiquei tremendamente desapontado e decepcionado. A decepção vem quando as coisas ocorrem de modo diverso do calculado... Em 1923 já havia alcançado a nona edição.

– Muitos autores desejariam um desapontamento desses.

– É possível.

Monteiro Lobato continua falando. Uma prosa saborosa, eivada de blagues e de ironias. A conversa gira em torno da função do escritor.

– Cada um nasce com uma determinada função na vida. Nós dois vivemos da máquina de escrever, mas de maneira diferente. Eu nasci com a função de escrever o que penso; sou um escritor, portanto. Mas estou impossibilitado de exercer essa função, isto é, de trabalhar dentro da minha capacidade. Logo sou um homem sem emprego.

– Por quê?

– Oh, santa ingenuidade! Porque sinto em minha boca um grande batoque enfiado... Uma rolha...

Na data de hoje, há 25 anos, *Urupês* era publicado. Monteiro Lobato expende opinião sobre a sua obra:

– A minha opinião é a pior possível. Se pudesse voltar atrás, não escreveria tal livro. Por causa dele minha vida sofreu grandes mudanças, na maioria desfavoráveis. Virei editor, coisa muito desinteressante; virei escritor, coisa mais desinteressante ainda; fui parar na América num período de paz ultradesinteressante; e de volta desse país acabei na cadeia e falido. Se não fosse o tal livro, eu estaria hoje em minha fazenda matando o curuquerê do algodão e falando mal do governo sem perigo de algum espião me ouvir. E não teria sido obrigado – o que é quase tudo – a largar o cigarro, porque na roça a gente fuma fortíssimos cigarros de palha e vive cem anos.

Ainda perguntamos a Monteiro Lobato se alguma vez lhe passara pela ideia o fato de *Urupês* tornar-se um marco na literatura brasileira. E ele nos respondeu:

– Claro que nunca imaginei isso. Mas os fatos provaram que o verdadeiro *Marco zero* do Oswald de Andrade são os meus *Urupês*...

Monteiro Lobato ri e fala da sua vida. Pretende ir viver na Argentina, onde já fechou contrato com uma editora para publicação de 23 livros, cuja renda lhe será suficiente para viver com tranquilidade e sossego o resto dos seus dias. Os tempos vividos deram-lhe um certo ar melancólico e ele acha que uma das mais profundas filosofias do espírito humano está condensada naquela célebre expressão, segundo a qual "a vida é um pau de sebo com uma nota falsa na ponta". Monteiro Lobato já não tem mais ilusões e disso ficamos certos com a conversa que com ele mantivemos esta manhã e no decorrer da qual ele deixou claramente positivado que é um homem "que não faz caso do seu talento".

Entrevista ao *Correio Paulistano* sobre a beca na Academia Paulista de Letras*

A palavra do pai do Jeca Tatu é agora, mais do que nunca, lida e ouvida com grande interesse. Não podíamos, portanto, deixar de procurá-lo para esta enquete. Atendeu-nos, e como de costume escreveu a entrevista. Diz que não tem confiança na fidelidade dos jornalistas no apanhar o seu pensamento. E além disso faz a seguinte recomendação: "Aí vai a entrevista como me saiu ao correr da máquina. Faça o obséquio de dizer ao revisor que dispenso a colaboração dos tipógrafos".

Pediu ainda que publicasse a entrevista na íntegra ou não a publicasse. Nesse particular, não faremos nem uma coisa nem outra. Precisamos cortar quatro linhas. Não por partidarismo político, ou por puritanismo, mas porque estragariam o apetite de algum leitor. Ele fala nesse trecho em fisiologia e cita um verso de Terêncio.

Quanto ao mais, sua entrevista está interessante. Ele que sempre foi agradável agora é muito mais. Suas piadas são de um terrível ceticismo. Mas mesmo assim, ou por isso mesmo, agradam o público.

Suas perfídias se vulgarizam, ganham curso. Será que o seu humorismo que no fundo traduz o desencanto ou a melancolia do autor de *Urupês* tem alguma identidade com o estado de alma do público leitor?

* *Em 3 de fevereiro de 1936, por unanimidade de votos, Monteiro Lobato foi eleito para a cadeira 39 da Academia Paulista de Letras. Nota da edição de 2009.*

Sabemos, apenas, que é muito apreciado. E, por isso, vamos à sua entrevista. Acrescentamos, porém, que também as perguntas são suas. Se gostaríamos de ter a inteligência que produziu a entrevista, não diremos o mesmo com referência às perguntas.

O pai de Jeca Tatu não confia no jornalista para as suas entrevistas, mas nós não podemos confiar nele para as nossas perguntas...

– Que acha da ideia recém-proposta à Academia Paulista de Letras, dos acadêmicos usarem uma beca do mesmo modo que os acadêmicos do Rio usam o fardão?

– Acho louvabilíssima a ideia e capaz de resolver automaticamente pelo menos 75% dos problemas nacionais. Talvez a falta de açúcar, de bois, de gasolina e outras coisas venha indiretamente de nós, os ilustres acadêmicos paulistas, ainda andarmos à paisana.

– Mas qual a verdadeira razão dos acadêmicos paulistas quererem beca?

– É muito difícil penetrar no fundo das intenções dos nossos imortais. Vocês do *vulgum pecus* jamais alcançarão a altura dos pensamentos que nos ocorrem nos momentos de vertigem. Mas como ainda não nos alimpamos do que resta em nós de humanidade, confesso aqui muito em segredo que nós próprios não conseguimos entender muita coisa. Apesar de minha tremenda inteligência de imortal paulista, eu no começo não consegui esclarecer-me em certos pontos...

– Por exemplo?

– A necessidade de vestirmos beca quando estamos reunidos em sessão, nos augustos momentos em que conferimos a imortalidade a um mortal que a disputa. Sim, porque a necessidade da beca é aparentemente marcarmos a diferença entre nós e a miserável carneirada humana de paletó-saco lá da rua. Mas isso é inútil, visto que quando nos reunimos em sessão um halo de luz sidérea nos nimba as amplas frontes: o ectoplasma da imortalidade!...

– Sério? Não está brincando?

– Um imortal não brinca, senhor! Mas acontece que esse halo só é visível aos olhos de outro imortal; os olhos das criaturas comuns não percebem coisa nenhuma.

Temos lá um amanuense que convive conosco, mas até agora não viu nem sombra de halo em nenhum de nós, o coitado...

– Acha então que esse halo dispensa a beca?

– Se a beca vai ser adotada para nos distinguir do *vulgum pecus*, acho-a inútil, já que o halo nos distingue e tem o imenso valor de ser um dom de Apolo, em vez de vil produto dum alfaiate qualquer. Mas vamos adotá-la por um motivo tremendamente forte e piratiningano, para não ficarmos menores que os colegas do Rio que usam o fardão. São Paulo não se abaixa!

– É então partidário da beca!... Juro que estou admirado. Supus que ia votar contra.

– Errou, meu caro. Pretendo votar a favor, mas isso no caso de serem aceitas as minhas emendas.

– Quais são elas?

– Várias. Vou propor que a beca não seja preta, visto como o preto sugere a ideia de luto, coisa desconhecida no Olimpo. Quero a beca de várias cores e de vários tecidos, isto é, quero uma variegada coleção de becas para que nos ponhamos sempre de acordo com as circunstâncias. Uma beca de filó, por exemplo, para os dias de grande calor, e uma de baeta grossa para os dias glaciais. E beca de tecido "Coordenação", para os acadêmicos pobres, e de veludo para o meu amigo Renê. E de fazenda cor-de-rosa para dias em que estivermos alegres, e de fazenda roxa para quando comemorarmos a morte de um companheiro. E com gola de pele ou capelo, para satisfazer ao Guilherme, pai da sugestão, o qual ainda lembrou que a pele fosse de coelho, para perpétua e saudosa homenagem a um grande coelho da Casa de Machado de Assis, a nossa colega do Rio.

– Coelho Neto?

– Evidentemente. E teremos também a beca de gala com grandes ramagens bordadas a fio de ouro e muita fita pendurada, para o dia em que formos visitados pelo nosso grande colega do Rio, o Presidente "Imortal".

– Até isso a sua emenda prevê?

– Como não? *A tout seigneur tout honneur*. E cada beca trará uma fileira de 39 botões representativos do número dos imortais comuns e mais um, o 40º, cabeçudo e de material mais duradouro, que represente o secretário perpétuo. E ainda há mais coisas que no momento me ocorrerão.

– Será possível que ainda haja mais coisas?

– Claro. Uma ideia como essa de beca é das mais fecundas. O Aureliano Leite, por exemplo, vai sugerir a adoção dum orifício na frente, no meio do corpo, com cercadura de ponto russo – enfeite que mimosamente homenageará o nosso querido Joseph Stálin. E outro "imortal" quer também uma abertura atrás, aí duns dois palmos, fechada com zíper, para certas emergências...

– Quer dizer que vai votar a beca com restrições?...

– Ao contrário, meu amigo. Vou votá-la com ampliações...

As orelhas de Vasco da Gama*

Jornais de domingo publicaram um telegrama de Lisboa em que se dizia que o *Diário da Manhã*, órgão oficioso, pedia, em editorial, a proibição da venda em Portugal do livro de Monteiro Lobato *História do mundo para as crianças*. O assunto era interessante e mesmo sério. Dirigimo-nos à residência do escritor e ali o interpelamos:

– Viu o telegrama de Portugal sobre o seu livro *História do mundo para as crianças*?

– Tenho estado fora e sem jornais por causa da greve dos Correios. Que há?

– Vão pedir ao governo português que proíba a venda desse livro em Portugal por conter ofensas ao país.

O senhor Monteiro Lobato arregalou os olhos.

– Ofensas à metrópole? Impossível. Inda agora acabei de rever um exemplar para a quarta edição dessa obra e nada percebi ofensivo a Portugal. Sobre tal livro o almirante Gago Coutinho já gaguejou um longo artigo no *Jornal do Comércio*, que não tive o prazer de ler por achá-lo um tanto comprido. Mas sei que lá se afirma que o livro comete erros gravíssimos na parte que trata dos descobrimentos lusos. Digo nessa parte que o almirante Cabral, de caminho para as Índias a buscar pimenta, desviou-se da rota usual mais que o permitido a capitães de navio e em consequência percebeu sinais de terra próxima – vindo

* *Reportagem do* Diário da Noite. *Sem identificação de data. Nota da edição de 2009.*

assim a descobrir uma terra nova, de que tomou posse e batizou – e é hoje este nosso Brasil.

E isso eu disse porque é o que se vem dizendo há quatro séculos. Não existe história que o não repita. "O Brasil foi descoberto por acaso em 1500 pelo almirante português Pedro Álvares Cabral." Parece que esse "por acaso" estragava a glória de Cabral e modernos historiógrafos lusos querem que o descobrimento tenha sido "de propósito". Suponho que os ataques ao meu livro provêm de ainda estar eu na corrente velha do "por acaso", em vez de aderir à nova, do "de propósito". Acha que há alguma ofensa nisso, e tão séria que justifique a proibição do livro?

– Se é só isso, creio que não. Mas deve existir mais alguma coisa.

– Espere. Há lá ainda a história das 1.600 orelhas que Vasco da Gama cortou à marinhagem árabe duns navios encontrados em Calicute; mas esse fato é mencionado em todas as histórias universais não portuguesas. Só as escritas em nossa língua o escondem.

– Aqui tenho, por exemplo – disse o senhor Monteiro Lobato tomando um livro da sua estante –, este excelente compêndio de Albert Malot, professor do Liceu Louis-le-Grand, de Paris, que é adotado oficialmente nas escolas de França. Leia o que ele diz à pagina 13 do volume consagrado aos Tempos Modernos.

No ponto indicado realmente lemos isto: "*Vasco da Gama à la tête de vingt vaisseaux en 1502, rencontra devant Calicut une flotte arabe chargée de riz. Il fit couper le nez, les oreilles et les mains a tous les equipages – huit cents hommes. Les mutilés furent ensuite reintégrés à bord de leurs navires auxquels les portugais mirent le feu*".

– Realmente! Cortou 1.600 orelhas, 1.600 mãos e oitocentos narizes! É espantoso. E o crime desses homens se resumia em estarem se abastecendo de arroz num país que não era propriedade dos portugueses...

O senhor Monteiro Lobato prosseguiu:

– Nada mais fiz senão mencionar um fato histórico que todos os compêndios de história, não torcidos de acordo com as conveniências deste ou daquele povo, mencionam. Ou a história é história e conta o que houve, ou ajeita os fatos conforme o convém aos interesses dum grupo e passa a ser propaganda.

Em meu livro só isso existe, além do "por acaso", capaz de ofender as suscetibilidades dos portugueses. E na primeira edição eu atenuei a barbaridade só mencionando o corte das orelhas. Escondi o corte das 1.600 mãos e dos oitocentos narizes. Na edição a sair vou botar tudo, orelhas, mãos e narizes.

– E acha que o governo português atenderá ao pedido a que se refere o telegrama e proibirá a entrada do livro?

– Os governos têm cometido imbecilidades ainda maiores. Mas o prejudicado será unicamente o povo português, que ficará, ou continuará, na ignorância dum fato histórico sabido no mundo inteiro. Todas as histórias sérias que circulam nos grandes países o mencionam. A proibição conseguirá apenas uma coisa: – perpetuar em Portugal mais essa ignorância.

– Camões nos *Lusíadas* faz a apoteose do grande Gama. Que diz ele nesse ponto?

– Era tanta orelha que Camões resolveu pular por cima. Não disse nada. Fala da descida dos deuses do Olimpo para festejarem o grande herói na ilha dos amores – mas quanto a orelhas não pia. As ninfas que vieram dançar na festa eram capazes de fugir espavoridas, de medo que lhes acontecesse o mesmo...

Lobato, editor revolucionário*

Leitura precisava ouvir o homem que tanto influiu na vida do livro brasileiro, nos métodos editoriais e na cultura do país nestes últimos decênios. Seu mais recente trabalho é a tradução de *Um mundo só*, de Wendell Willkie, esse *best-seller* americano de 1934, com mais de um milhão de exemplares vendidos. Lobato é uma perfeita máquina viva para produção diária; escreve e traduz, discute e passeia, apesar dos seus 60 anos. Informam-nos que tem na cabeça um novo livro para as crianças muito original: a história da formação do continente americano contada à Emília pelo Aconcágua, o mais alto pico dos Andes. O repórter não tomou notas. Foi ouvindo e guardando na cabeça alguma coisa do muito que Monteiro Lobato disse. Em certo ponto falou-se em heróis falsos e verdadeiros...

– O senhor também é considerado hoje um grande brasileiro...

O entrevistado movimenta-se na cadeira de braços e, jogando os pés sobre uma mesinha de centro, que range, arrasa com essa nova atitude a gravidade do elogio.

– Grande brasileiro... Não acredito em grandezas nem heróis. A mola de tudo é sempre a ecônomica; e quando do que fazemos surgem consequências altruísticas nas quais nunca pensamos, recebemos honra e glória... Os homens só cuidam

* *Entrevista concedida à* Leitura *em 1943. Nota da edição de 2009.*

de sua prosperidade pessoal, e estão certos, porque a prosperidade do todo Humanidade não passa da soma da prosperidade das partes desse todo. Em todos os grandes feitos da história, em todos os heroísmos, se a gente penetra bem dentro, vê coisa muito diversa do que parece. Tenho medo, por exemplo, de estudar a fundo o caso de Tiradentes, o nosso primeiro grande herói.

– Medo de quê?

– De verificar que o verdadeiro móvel de sua inconfidência não foi a liberdade da pátria, e sim o aumento de soldo que teria se o movimento vencesse. Tenho medo, meu caro, de verificar que foi por motivo pessoal e econômico que o nosso querido Tiradentes sonhou com a independência do Brasil... Hoje está herói – e sou eu o primeiro a honrá-lo como tal, mas não quero investigar o caso a fundo. Criei uma editora apenas como negócio, para ganhar dinheiro, sem pensar em pátria nem nada. Fui à falência, como Tiradentes foi à forca. Virei herói como ele... Uma inconfidência comercial.

– Conte a história da sua primeira editora.

– Léo Vaz já expôs tudo num rodapé do *Estado de S. Paulo*, mas teve a delicadeza de não contar que aquilo não passava dum negócio como outro qualquer, uma simples organização para ganhar dinheiro. Este mundo é uma patifaria sem nome. Enquanto houver o dinheiro e a necessidade de ganhá-lo, impossíveis a verdadeira honestidade e o heroísmo puro. Tudo é negócio mais ou menos descarado, mais ou menos encapotado. Há um grande consumo de palavras suntuosas: "benemérito", "patriota", "herói"... E rio-me. Sei o que está no fundo de tudo isso...

– Mas, Monteiro Lobato, a sua editora...

– Olhe, ao vender minha fazenda do Buquira e ao mudar-me para São Paulo, tive de procurar uma ocupação na qual empregasse a minha atividade e me desse dinheiro. Comprei a *Revista do Brasil* e um dia editei um livro, e depois outro, e quando abri os olhos estava "editor", essa coisa que se chama editor e tanto impressiona os coitadinhos dos escritores novos. Associei-me ao Otales. Mas vi logo um defeito gravíssimo no negócio. A mercadoria que produzíamos – "livro" – era uma mercadoria sem bocas de escoamento. Não havia pelo país inteiro mais que umas quarenta ou cinquenta livrarias. Ora, como pensar numa indústria assim, sem saída para os seus produtos? E a Grande Ideia veio: romper aquela barragem, rasgar seteiras na muralha, levar os livros até onde houvesse um grupo de fregueses potenciais.

– E como realizaram isso?

– Com uma circular que eu redigi – e que hoje eu dava bom dinheiro para tê-la em meu arquivo. Essa circular marcou a virada de esquina da nossa cultura. Mandamo-la a uns 1.300 negociantes cujos endereços com algum esforço obtivemos: 1.300 negociantes de 1.300 cidades e vilas do Brasil dotadas de serviço postal – donos de pequenas papelarias, donos de bazar, de farmácias, de lojas de armarinho ou de fazendas e até de padarias... A circular propunha-lhes um negócio novo: a venda duma coisa chamada "livro", que eles receberiam em consignação e, pois, sem empatar dinheiro nenhum. Vendida que fosse a tal misteriosa mercadoria, o negociante descontava a sua comissão de 30% e nos enviava o saldo.

– Só isso?

– Meu caro, isso que você chama "só" foi o "tudo". Nenhum dos nomes convidados pela circular recusou o bom negócio – e passamos de quarenta ou cinquenta vendedores de livros a 1.300...

– Mas se era uma coisa simples assim, porque os velhos editores não o fizeram antes?

– Questão de mentalidade. Medo de perder dinheiro. A consignação é algo arriscado. Há uma porcentagem de perdas muito grande. Muito calote. Mas como o dilema era ou fazer aquilo, ainda que rebentássemos, ou perpetuar-nos sem indústria editora por falta de vendedores, nós nos arrojamos, num "vai ou racha" que foi e rachou a velha impenetrabilidade do Brasil ao livro e deu surto ao que você vê hoje: centenas de casas editoras, grandes e pequenas – e todas vendendo a enorme massa de livros editados. Herói eu, por ter redigido aquela circular? Não há heróis neste mundo. Criador da indústria editora brasileira? Sim, talvez... mas sem a menor intenção disso. Nós precisávamos vender a nossa mercadoria e eu redigi a circular que resolveu o problema. Os altos interesses da cultura estavam envolvidos no caso – mas juro que no momento não me passaram pela ideia. Eu e o meu companheiro queríamos uma coisa só: dar saída a uma boa quantidade de livros editados e encalhados. Por isso rio-me quando me consideram herói – e lá por dentro. Duvido de todos os heróis deste mundo.

– Como eram as edições naquele tempo?

– Havia umas tantas galinhas velhas – Alves, Garnier, Briguiet – que de vez em quando botavam um livro. Uma edição de mil exemplares durava a vida inteira. Tudo feito ao molde português, o qual português também copiava o francês. Nós mudamos tudo. Arranjamos desenhistas para substituir as monótonas "capas tipográficas" pelas capas desenhadas – moda que pegou e ainda perdura. Os balcões das livrarias encheram-se de livros com capas berrantes, vivamente coloridas, em contraste com a monotonia das eternas capas amarelas das brochuras francesas.

– E os autores?

– Ah, fui um editor revolucionário. Abri as portas aos novos. Era uma grande recomendação a chegada dum autor totalmente desconhecido – eu lhe examinava a obra com mais interesse. Nosso gosto era lançar nomes novos, exatamente o contrário dos velhos editores, que só queriam saber de "consagrados".

– E quando sua editora era procurada pelos consagrados, pelos medalhões?

– Ah, não entravam. "Tenha paciência, amigo. Você já está graúdo, já tem nome. Arrume-se lá com o Garnier ou o Alves. Nós aqui somos para os que se iniciam." Só exigíamos uma credencial: talento.

Muito mais coisa nos disse Monteiro Lobato em sua entrevista, porque evidentemente o tínhamos pegado em hora de bom humor. Mas impossível reproduzir tudo. Há a eterna limitação do espaço. E quando deu por finda a entrevista, não esqueceu o lembrete que sempre faz aos repórteres:

– Cuidado com o que vai dizer. Não altere demais o que eu disse. Conserve pelo menos uns 30%...

Monteiro Lobato na torre de marfim*

Uma conversa sem importância com o mestre do conto nacional

Os acontecimentos, tais como são, congelaram uma das figuras mais interessantes da literatura nacional: Monteiro Lobato. O mestre dos *Urupês* sumiu, efetivamente, numa curva da compreensão, judiado por graves desapontamentos e ferido por grandes decepções. Recolheu-se. Recolheu-se como um bicho de concha que o meio hostilizou, como uma sensitiva exigente que espera o sol voltar. Fez o que fazem esses bichos de bolinha, esses tatuzinhos sabidos que rolam pra dentro e se trancafiam na casca: cobriu-se com a pele cinzenta do desinteresse e ficou fingindo que não existe. E que nem mesmo nunca existiu.

Um palanque à margem da vida

Depois que o seu entusiasmo quebrou o pescoço numa luta desigual, depois que sua pena perdeu o rumo na confusão dos caminhos, Lobato encostou a frase e o talento no muro alto do seu silêncio. Organizou uma torre de marfim, instalou um palanque à margem da vida e passa os seus dias tranquilo, espiando as marés com displicência e olhando as lutas com pouco-caso. De resto, dá gargalhadas tremendas, faz perfídias desdenhosas e caretas furibundas. Tudo de brincadeira. Por isso

* *Entrevista concedida ao* Diário da Noite *entre 1942 e 1944. Nota da edição de 2009.*

mesmo está gordo e bem-disposto. Não é mais aquele vespão sarcástico e impiedoso que caricaturou a raça, não é mais aquele *gaffeur* que confundiu Luís Martins com um mexicano – o homem que acreditava na técnica e não acreditava na gente. Não. Mudou muito. Mudou tanto que nem mais se parece com o retrato que dele fazem os seus amigos e os seus inimigos. E o jubileu dos *Urupês* veio surpreendê-lo em pleno ostracismo, desfrutando a mansa compulsória e trocando línguas para o grande público.

"É o camarada mais agressivo do mundo"

Isto nos dizia alguém pouco antes da entrevista. No entanto, não era. E o *Diário da Noite* conseguiu ouvi-lo, amável e risonho, num momento de grande bom humor.

O escritor recebeu o jornalista nos salões da Companhia Editora Nacional e ali, entre Tito Batini e Flávio de Campos, o pai de Emília disse o que tinha a dizer. A sua conversa sedutora, cheia de imprevistos e cheia de ironias, começou no Maranhão e acabou na reticência. Entre uma coisa e outra, Monteiro Lobato explicou:

Repórteres e palhaços, duas coisas anacrônicas

– "Quando vocês, repórteres, me telefonam e pedem entrevista, eu esfrio, porque sei que, depois de me obrigarem a piscar com uma explosão de magnésio, me fazem dizer em letra de forma vinte coisas que eu não disse – e dizem de forma muito diversa tudo aquilo que eu realmente disse." Enquanto ele falava, a atenção do jornalista se espantava diante de suas imensas sobrancelhas. Que coisa formidável!... Aquela exuberância, aquele emaranhado de fios negros e compridos, era um placar escandaloso anunciando a personalidade. Pareciam duas estradas negras que se penetravam no meio do caminho, duas taturanas gordas se engolindo na testa do escritor. Monteiro Lobato está falando. Fala fanhoso e arrastado como quem não tem pressa de terminar. Piscando sempre. Franzindo o cenho. E explicando claro:

– Tanto os jornalistas me traíram que eu tomei a deliberação de andar com a entrevista no bolso, como medida de segurança. – "Mas como sabe o que vamos perguntar?", indagará você, e eu serenamente respondo: "Meu caro, há duas coisas no mundo que contrariam a lei da evolução definida por Spencer: uma, os nossos circos de cavalinhos; outra, as perguntas dos repórteres. Não mudam. Não evoluem. Eterna e invariavelmente as mesmas".

O criador de Narizinho Arrebitado pontifica com tal segurança que o repórter preferiu não defender-se. E ele continuou:

– As graças dos palhaços de circo, que eu vi pela primeira vez aos 7 anos, são exatamente as mesmas dos palhaços de hoje; e em decênios de vida semipública, a lidar com jornais, escritores, fãs e repórteres, ainda não topei um só que não viesse com as mesmas perguntas de praxe.

O repórter não estava a gosto, positivamente, naquela posição de personagem. Torceu a prosa para outro lado e jogou as considerações para os fãs, que são em muito maior número.

– Bem, nos fãs o que muitas vezes evolui é apenas o nome das obras admiradas...

– ?

– Vou citar um caso – continuou Lobato. – Certa vez em que fiz uma visita a um conhecido encontrei lá à minha espera um fã gordo e sorridente, que foi logo explicando que soubera da minha visita e fora esperar-me porque era um grande e velho admirador meu, já havendo lido todas as minhas obras – *Juca Mulato*, *Máscaras*, A *mulher que pecou* etc. – e enfileirou todas as obras do Menotti.

– Imagino o seu espanto...

– Não, meu caro, não me espantei porque sou inespantável. Não me espantarei nem se os aliados realmente invadirem a Europa. E portanto não fiz cara de coisa nenhuma, dessas que desarticulam e desmancham um bom fã. Limitei-me a agradecer tanta leitura. E ele, com final de ouro: – "Tem feito muitos versos ultimamente?". E eu, que nunca fiz versos: – "Não. Depois da *Divina comédia*, parei. De vez em quando ainda pingo um sonetinho de Shakespeare, mas coisa de nada, só para desenferrujar a musa".

Esse fã, aliás, era dos tais que gostam de saber particularidades do herói: – se escreve com punhos de renda, como Buffon; se tem um gato ao colo, como Flaubert; se come carne humana, como Baudelaire. E veio com perguntas:

– "Como é que o senhor escreve os seus versos, hein? Conte-me de que modo escreveu o *Juca Mulato*."

E eu fui contando:

– "Escrevo com pena de avestruz, meu velho, aparada com aquela faca de matar mulher que o Barba Azul trazia à cintura. E escrevo com tinta simpática, invisível, para enganar algum espírito que me esteja espiando pelas costas." Etc. etc. Mas o diabo do fã queria outros pormenores.

– "E usa renda nos punhos, como Buffon?"

– "Não. Uso fitinha nas cuecas, como Luís XV. No punho trago apenas este relógio."

– "É Ômega?", e ele curioso procurou ler a marca do meu relógio.

– "Foi Ômega, meu amigo, nos tempos do PRP – hoje deve ser outra coisa. Sabe, a propósito, que ômega é a última letra do alfabeto grego?" O fã atrapalhou-se e olhou-me desconfiado. Pareceu-lhe incrível que eu, autor de *Juca Mulato*, da *Divina comédia*, dos sonetos de Shakespeare e tantas outras obras-primas estivesse a confundir letras gregas com relógios. Porque para ele ômega evidentemente queria dizer marca de relógio e nada mais...

Monteiro Lobato estava driblando o repórter e barrando a entrevista. Recusou uma pergunta. Deu outra como suspeita. Queria fazer blagues e contar coisas sem importância.

– Seja camarada e despache logo esse fã, que já está rendendo muito – ponderamos. – Afinal um fã, por mais errado que seja, nunca merece uma conferência...

– Um minutinho e eu já o demito da conversa. Devo contar ainda que um irmão desse mesmo fã perguntou-me certo dia se eu já lera *Le mie prigione* de Silvio Pellico. E sem intenções nem intuitos respondi: "Olhe, meu velho; nem sempre leio o que escrevo...". E o homem ficou pensando que Silvio Pellico era um pseudônimo sob o qual eu me escondia.

O pseudônimo foi um pretexto para o repórter desviar a conversa. Monteiro Lobato aceitou o tema e se esparramou:

– A psicologia do pseudônimo tem alicerces na vaidade humana. Quem escolhe um nome falso não visa esconder-se atrás dele, e sim tornar-se conhecido sob um nome mais sonoro e mais simpático que o de batismo. Houve um Gabriel na Itália – e você sabe disso – que se chamava Rapagnetta, ou coisa assim. Era um nome plebeu e relaxado, suscetível de provocar associações de ideias cômicas e suspeitas – e ele passou a chamar-se Gabrielle D'Annunzio. Por quê? Vaidade. Mas os meus pseudônimos da mocidade tinham em mira apenas esconder um autor envergonhado.

– Quantos realmente teve?

– Não posso precisar o número, mas lembro-me de um lindo: Rodanto Cor-de-Rosa... Que mimo, hein? Depois do ponto final vinha um pseudônimo – e era o que saía. Nunca houve escolha. Não eram pseudônimos filhos da vaidade, sim filhos duma grande vergonha de aparecer em público com a minha cara natural.

– E que pretende escrever ainda?

– Meu caro: sou um tipo aposentado pela compulsória e proibido de escrever. Minha última obra foi o meu epitáfio.

– O quê?

– Meu epitáfio, isso mesmo! E como ele vai ser público, já que será franqueado a todas as curiosidades na democracia do cemitério, você pode divulgá-lo. É o seguinte:

AQUI JAZ UM SUJEITO QUE NUNCA OUVIU A *HORA NACIONAL* NEM LEU A *BRASILIANA*...

Bom, leitor, o resto fica para depois. Monteiro Lobato pendurou nessa reticência todo o seu constrangimento e toda a sua vontade de não falar. Espreguiçou o corpo entre os braços da poltrona, deu outra gargalhada furiosa e subiu de novo para a sua torre de marfim.

Um mundo sem roupa suja...*

Tomei conhecimento da existência de Monteiro Lobato neste mundo, uma tarde, deitado de barriga para baixo, lendo o *Jeca Tatuzinho* em desenhos coloridos, o único livro que recordo haver ganho de meu pai. Terminada a leitura, fiquei triste. Dava angústia ver os porquinhos calçando borzeguins e o Jeca Tatu, gordo como um milionário, ir embora, na última página do livro, a fim de apregoar a seus patrícios as vantagens curativas da erva-de-santa-maria.

Mas Lobato pode bem ter sido um dos culpados da minha investida pela literatura, porque a verdade é que muitas vezes, depois, deixei de ir nadar com a molecada no regato do arrabalde para me debruçar de novo sobre aquela história maravilhosa do fraco que se tomou forte.

Mais tarde foi o *Urupês* uma espécie de cadeira de rodas para a minha precoce paralisia literária, nas tentativas de aprender os segredos do conto. Foi, porém, apenas uma época que passou. Veio Machado e veio Eça. E hoje eu invejo aqueles que ainda desconhecem esses três mestres da moderna literatura brasileiro-portuguesa e que poderão gozar a delícia de sua descoberta.

Ninguém tão diferente entre si quanto Eça, Machado e Monteiro. Poucos, no entanto, tão saborosos quanto eles. Talvez porque sempre desejaram antes de tudo ser apenas "uns contadores de histórias". A finalidade vinha depois, a intenção surgia

* *Entrevista de Justino Martins para a* Revista do Globo *em janeiro de 1945. Nota da edição de 2009.*

aos olhos da crítica. E por isso mesmo eles estão permanecendo na vanguarda, sempre modernos, oportunos, atravessando épocas e fases literárias, sem serem esquecidos.

– Quer aprender a escrever? Leia Eça de Queirós.

– Quer uma lição de bom gosto e de arte? Leia Machado de Assis.

– Quer uma dose de nacionalismo são, com fatos, coisas e tipos gratos à sensibilidade brasileira? Leia Monteiro Lobato.

O resto é assunto com proprietário exclusivo: açúcar, o negro, a seca do Nordeste – vários "ciclos" dentro de um único com objetivos precisos e demasiado aderentes à sociologia para voltarem a encantar uma juventude que sempre há de sentir a lua e os mistérios da vida.

O fazendeiro José Bento

Engraçado este mundo. Agora estou ao lado de Monteiro Lobato em carne e osso, plagiando uma fotografia de Huxley e Lawrence, ambos sentados num portal, sem cerimônia nem atitude, palestrando...

– "Foi assim o caso", conta Monteiro Lobato no prefácio da primeira edição de *Urupês*. "Em 1914, nos primeiros meses da guerra, eu não passava dum humilde lavrador incrustado na Serra da Mantiqueira. Terrível ano de seca foi aquele! O fogo lavrou durante dois meses a fio com fúria infernal. O céu toldado, o ar espesso, o crepitar permanente das matas em chama, a fumarada invadindo a casa, os olhos a arderem... Um fim de mundo."

Monteiro cultivava um sítio por lá e no fundo do sítio vegetavam alguns "agregados", caboclos semisselvagens que tinham a mania de botar fogo no mato para se divertirem quando as chamas avançavam ao sopro do vento.

– "Denuncio-os todos à polícia", gritou Monteiro, indignado.

Mas o capataz sorriu:

– "Não paga a pena. São eleitores do governo; o patrão não vai arranjar nada."

– "Mas não haverá ao menos um incendiário oposionista capaz de pagar o pato?"

– "Não vê! Caboclo é ali firme no governo justamente p'r' amor do fogo."

O homem tinha razão. Eram todos do governo. E pela primeira vez Monteiro Lobato (fazendeiro José Bento naquele tempo) começou a pensar no caboclo. Que problema! Que gente! Que calamidade humana!

No dia seguinte, ainda sob a ação de sentimentos raivosos, mandou para as "Queixas e Reclamações" d'*O Estado de S.Paulo* uma violenta catilinária, intitulada "Velha praga". O jornal, publicando-a fora da seção das queixas, estimulou o fazendeiro a reincidir. Reincidiu, porque dentro dele crescia o germe da literatura... E quando deu acordo de si, virara o que os noticiaristas gravemente chamam um "homem de letras".

– "Ora", diz Monteiro –, "aí está como as coisas se arrumam, e como por obra e graça de meia dúzia de Neros de pé no chão entra a correr mundo mais um livro."

Saiu *Urupês*, um volume de contos onde vinha a formidável apresentação do Jeca Tatu.

Rui Barbosa e Jeca

Por esse tempo Rui Barbosa já era pra lá de gênio. Subia na tribuna e deixava o Brasil de queixo caído, escutando.

Aconteceu que o retrato do caboclo pintado por Monteiro Lobato desencadeou uma violenta ofensiva lítero-nacionalista-reacionária. Monteiro era um mentiroso! O caboclo que ele descrevera não existia!

Rui Barbosa, então, foi ler os *Urupês*.

Uma noite, em São Paulo, Lobato estava dormindo, quando lá pelas dez horas o telefone soou. Era da redação d'*O Estado de S.Paulo*. Roberto Moreira, um amigo, telefonava-lhe qualquer coisa que, no seu estremunhamento, o escritor não entendeu bem. "Rui Barbosa... No Lírico... *Urupês*... Jeca..." Uma embrulhada! Monteiro voltou para a cama.

No outro dia, porém, lá estava no jornal a famosa peça oratória de Rui, publicada na primeira página, sob o título "A questão social e política no Brasil", e encabeçada por uma enorme citação do Jeca Tatu dos *Urupês*.

Um símbolo, o único

Com a mão forte do gênio, Monteiro Lobato ganhou público. E sua vida transformou-se completamente. Tem hoje a fama que lhe deram inúmeras glórias legitimamente conquistadas. É o criador do único símbolo literário que possuímos: o próprio Jeca Tatu. Tanto assim que a palavra Jeca já entrou para os dicionários, como indicativa de certo tipo de matuto inadaptável à civilização. E deu também inúmeros derivados. Os últimos vocabulários mencionam o verbo "jecar", o adjetivo "jeca" e os substantivos "jequice" e "jequismo".

Monteiro é, ademais, o pai da nossa literatura infantil. Foi o pioneiro, é bem dizer-se, do comércio editorial brasileiro, quando organizou a firma Monteiro Lobato & Cia., associado a um menino de 18 anos que é agora o senhor Otales Marcondes Ferreira, dono da Companhia Editora Nacional.

Monteiro, enfim, é o mais brasileiro de todos os escritores brasileiros. Ele contrapôs ao índio de faces rosadas, ao "biscoito aimoré" afrancesado de José de Alencar, o verdadeiro tipo nacional, sem penas de tucano, sem lábios de mel, mas sempre cheirando a sarro de cigarro de palha, sempre de cócoras, "não pagando a pena" – mistura de sangue índio, preto e de europeu malandro trazido por Tomé de Sousa.

E os contos de Monteiro Lobato aí estão, lidos e relidos por duas gerações (ele já completou 60 anos), naquele estilo sincopado pelo saboroso ritmo dos nossos vocábulos mais íntimos e tão brasileiros quanto os do senhor Mário de Andrade.

O Minarete

Há muita coisa engraçada na vida de Monteiro Lobato que fará a delícia de seu futuro biógrafo (Edgar Cavalheiro já se candidatou).

Na sua juventude, por exemplo, ao tempo dos estudos em São Paulo, ele morava numa república com diversos rapazes inteligentes, inclusive o hoje conhecido romancista de *Vida ociosa*, Godofredo Rangel. Faziam o diabo! Tinham atitudes, formavam um bloco influente na vida literária de São Paulo. Num jornalzinho de Pindamonhangaba intitulado *Minarete*, nome tirado da república em que moravam, eles publicavam as suas coisas. Duma feita, Monteiro escreveu um romance a "duas mãos" com Godofredo Rangel. Um fazia um capítulo, outro fazia outro. Até o título era de colaboração: *O queijo de minas ou A história de um nó cego*.

– Ele deu o queijo, eu dei o nó – conta Lobato.

E havia, depois do título, esta advertência: "Romance a duas mãos, no qual os autores suprimem todos os pedaços que os leitores habitualmente pulam". O romance começou muito bem, mas de certo ponto em diante Lobato passou a desmoralizar os personagens criados pelo Rangel. Este replicou e matou um dos personagens de Lobato. Lobato, por sua vez, matou dois de Rangel, e assim foi indo, como numa "*vendetta corsa*", até que o romance não pôde prosseguir por falta de gente em cena.

– Ficamos em campo só nós dois, os autores – diz Lobato –, muito desapontados, sem saber que fazer de tantos mortos. Apertamos as mãos cordialmente, como os jogadores de boxe no final das lutas, e os pindamonhangabanos, leitores do *Minarete*, que vinham acompanhando o romance com esperanças de algo sério, ficaram a olhar-se uns para os outros com burríssimas caras.

A única mancha...

Para os intelectuais puros (que sempre os houve e haverá), para os escritores revolucionários, para aqueles que não se limitam a simplesmente "contar uma história", Monteiro Lobato tem uma mancha em sua carreira. Quando a pintora Anita Malfatti veio da Europa, lá por 1918, e expôs o primeiro quadro "modernista" que o Brasil via, Monteiro não lhe respeitou a glória conquistada no estrangeiro, não reconheceu o gênio de franceses e italianos, e desancou Anita num artigo de crítica tão violento e cheio de humor quanto aquele que imortalizara o Jeca.

Como resultado, a carreira da pintora no Brasil foi terrivelmente atrapalhada, pois o nome de Monteiro naquele tempo já pesava um bocado na balança. Nem a próxima "Semana da Arte Moderna" conseguiu reanimá-la. E é por isso que ainda hoje os intelectuais puros dizem de Monteiro:

– O seu maior defeito não é o meter-se em negócios que às vezes acabam mal, mas o pretender entender de pintura...

A verdade, porém, é que Monteiro tem um *béguin* pelo pincel. No início de sua carreira desenhava ele próprio as ilustrações para as suas histórias e muitas telas se encheram de oleosas figuras suas. Acabou, como pintor, sendo um formidável fotógrafo. Suas fotografias, de fato, poderiam ser assinadas por qualquer desses famosos amadores americanos que a *Coronet* nos apresenta todos os meses.

Narizinho e Dona Benta

Já era ele editor com razoáveis lucros quando começou a escrever para as crianças.

– Toledo Malta, autor recente de *Madame Pommery*, surdo como uma porta mas inteligente de dar gosto, vinha todas as tardes ao meu escritório – conta Lobato – para uma partida de xadrez, porque ali o xadrez tinha muito mais importância que edições de livros e literaturas. E, incidentemente, contou-me a história dum peixinho que por haver passado algum tempo fora da água "desaprendeu a arte de nadar" e de volta ao rio afogou-se.

Naquela tarde Monteiro Lobato perdeu a partida de xadrez, talvez menos pela perícia do jogo de Malta do que por causa do peixinho. O peixinho começou a nadar na imaginação do escritor e, quando o amigo saiu, ele correu para a mesa e escreveu a "História do peixinho que morreu afogado", coisa curta, do tamanho do peixinho. Publicou-a em seguida e depois resolveu ampliar a história, misturando-a com cenas da fazenda onde passara a sua infância. Lembrou-se da mulata Joaquina, ex-escrava de seu pai, que aos domingos ia mariscar num riozinho do campo e que trazia às vezes até cobras-d'água e baratões aquáticos...

Joaquina passou então a viver com "uma velha de mais de 60 anos, que mora lá muito longe, numa casinha branca e que se chama Dona Benta de Oliveira..."

Com Dona Benta, mais o peixinho e mais outras recordações, surgiram *Reinações de Narizinho*. Monteiro editou tudo e logo ficou surpreso ao ver que tais livros, escritos brincando, davam maior lucro e alcançavam maior tiragem que mesmo os *Urupês*, cujo sucesso excepcional era atestado pelo 15º milheiro em coisa de pouco tempo.

– "Neste pau tem mel", pensei comigo – termina Monteiro – "e era natural que me dedicasse ao gênero. Escrevi, então, a história dum leitão malandro chamado Rabicó, e ao sabor da fantasia foram nascendo os outros personagens: Pedrinho, Quindim, o rinoceronte, o Burro Falante, a Emília. Todo Natal eu punha um ou dois livros novos com o prazer com que uma galinha põe um ovo. E afirmo que jamais pretendi ser pioneiro de qualquer coisa; sempre quis apenas ganhar a vida..."

Os negócios de Lobato

Lobato já teve três ou quatro fortunas. Elas vieram e se foram, que tudo neste mundo passa e da vida nada se leva. A par da literatura, sempre teve um xodó pelos "negócios". Não os faz como aquele fantástico Jack London, às cegas, imaginando, delirando, nem como Voltaire na metade da vida, quando resolveu criar a indústria de relógios na sua aldeia natal. Não. Monteiro é diferente. Faz negócios conscientemente, sem literatura, talvez com alguma ingenuidade, e, como aqueles, acaba sempre perdendo ou sendo logrado.

Como este capítulo da entrevista é um tanto delicado, eu (o repórter) devo declarar que baseio minhas observações na opinião e narrativa de amigos íntimos do escritor, amigos sinceros, que lhe conhecem a alma e a vida como a sua própria. Disseram-me eles que Monteiro tem uma "boa-fé" sem limites em quase todas as pessoas, desde que elas não sejam "políticos". Se lhe aparece um sujeito dizendo que é "primo de Henry Ford" e que descobriu um motor para fabricar óleos, Monteiro logo ampara a invenção ou patrocina o negócio, vivendo alguns dias em verdadeira atividade comercial. Não adiantam as advertências. Não importam os gastos.

A verdade, porém, é que Monteiro Lobato foi um dos primeiros homens que no Brasil denunciaram o "escândalo" do petróleo e do ferro. E até hoje ele não se conforma com as soluções surgidas, acreditando firmemente que o futuro do nosso país repousa nessas duas indústrias.

Atualmente, porém, não faz mais que traduzir livros (ele é considerado um dos melhores tradutores que possuímos!), escrever algumas histórias e vendê-las, o que é o principal. Para isto, entretanto, ele não precisa esforçar-se; seus livros já atingiram, ao todo, quase dois milhões de exemplares tirados! Os direitos autorais rendem-lhe em média 150 contos por ano e algumas das suas obras foram traduzidas em vários idiomas. Dispõe ainda da renda de seus livros no exterior.

Como vive o escritor

Apesar disso tudo, Monteiro Lobato mora hoje, modestamente, num bangalozinho no bairro da Aclimação na capital paulista. Depois de haver possuído magnífica fazenda, onde os jardins ocupavam distâncias e as lavouras cobriam colinas, ele cultiva agora apenas um pé de cravo, na frente de sua casa, num canteirinho de meio metro quadrado de superfície; e no dia em que o entrevistei havia "despachado" o seu padeiro porque o homem furtara-lhe a primeira flor ali aberta.

Monteiro Lobato faz lembrar o próprio Jeca Tatu, no físico. Muito simples e bem-humorado, solta umas risadas sonoras e curtas, enquanto conversamos. A entrevista começa numa pequenina sala sem livros, mas com alguns bronzes e retratos dele mesmo, homenagens de artistas famosos. Termina na soleira do bangalô, ao fraco sol do inverno. É quase meio-dia. Dentro de pouco, ele me explica, fará o seu roteiro diário. Editora Nacional, algumas livrarias, uma prosa aqui e ali. Mas agora eu quero escutá-lo sobre determinados assuntos.

"Só leio a Rússia"

Eu estava oferecendo um cigarro a Monteiro Lobato. Ele espalmou a mão à minha frente:

– Deixei de fumar. O último cigarro que fumei foi para festejar a queda recente de Karkov. Fumarei outro quando Berlim cair, e possivelmente nesse dia tomarei o último porre de minha vida, coisa que já nem recordo como se faz...

Monteiro recebe a *Revista do Globo* e tem consigo o último número. Abre no "Espírito do Tempo" e "goza" um necrológio político de Mussolini que ali aparece. E diz:

– Nazi-fascismo: tremendo panelão central do formigueiro que ameaça comer todas as folhas da árvore da liberdade. Esse formigueiro central emitiu vários olheiros, lá na Europa e aqui na América... Mas Churchill, Stálin e Roosevelt estão queimando a terrível saúva a tiros de canhão e bombas aéreas. Assim que o panelão morrer lá, os olheiros de cá metem o rabo entre as pernas e somem-se. Quem viver verá...

– E o mundo?

– Acho o mundo uma coisa horrorosa. O homem é capaz de tudo – no bem e no mal. Ingleses e russos nos salvaram desta vez: os ingleses com aquele inconcebível buldogue do Churchill, os russos com um milagre. O martelo-pilão americano completará a obra.

– E depois da guerra?

– Profetizar é manifestar um íntimo desejo nosso... Os homens sabem que o grande erro da vida social está na iníqua distribuição da riqueza. Para uns, tudo; para outros, nada. Os homens sabem disso, como também sabem que as ideias dos homens não dependem de seus cérebros e sim do lugar que ocupam no mundo. O caso de Marco Aurélio – um imperador romano que tinha ideias de Epiteto – é único. O meio social de reconstruir é doloroso. Consiste em eliminar pela violência os homens de cima que opõem embaraços. A revolução... Nada mais estúpido, nada mais cruel, nada menos inteligente – mas até agora a pobre humanidade não encontrou outro remédio para sair de um estado de equilíbrio social condenado e entrar em outro preluzido pelos sonhadores.

– E que mundo deseja?

– Ah, eu desejo aquele mundo que Wells pinta na *História do futuro*, tão bom que até desaparece a classe das lavadeiras: a roupa é feita duma substância nova e baratíssima – e usada uma vez só...

Que fazer da Alemanha depois da guerra?*

Nesta enquete não poderia faltar a opinião de Monteiro Lobato, um dos talentos mais bem-dotados das letras brasileiras contemporâneas. Possuidor de uma pujança intelectual que se expande em múltiplos aspectos, aliada a um estilo claro e cativante, Monteiro Lobato tem sabido corporificar suas ideias dentro de um campo de visão amplo e sadio. Seu espírito, livre de peias, revela uma aguda compreensão da humanidade e um grande desejo de contribuir para o seu aperfeiçoamento. Seus livros têm o dom não apenas de despertar admiração, mas ainda de conquistar simpatia.

Eis a resposta de Monteiro Lobato:

"Da violência só sai violência. Contra uma grande nação dementada pelo 'delírio do poder', o mundo se juntou de 1914 a 1918 e dominou a Alemanha depois de horrorosa hecatombe. Mas, inebriados pelo 'delírio da vitória', os vencedores lançaram mão do único remédio que jamais curou coisa alguma: violência...

O resultado só podia ser o que foi. A Alemanha, violentada no Tratado de Versalhes, reagiu vinte anos depois com o maior acesso de violência e crueldade que a história registra, forçando o mundo a se coligar de novo.

Pergunta-se: que fazer à Alemanha criminosa do maior dos crimes cometidos contra a humanidade?

* *Entrevista concedida à* Folha da Noite *em maio de 1945. Nota da edição de 2009.*

A resposta me parece simplicíssima: educá-la. Em vez de recorrer a uma violência ainda pior que o Tratado de Versalhes, impor-lhe uma escola. Em vez da brutalidade da ocupação militar, a generosa ocupação das escolas. Um povo de tantas qualidades como o alemão, ao qual a humanidade tanto deve e do qual o progresso do mundo tanto espera, merece a suprema bênção da escola. Merece que o mundo o eduque no internacionalismo de Confúcio e Jesus: 'Não façais aos outros o que não quereis que vos façam' e 'Amai-vos uns aos outros como a vós mesmos'.

Só.

O mundo moderno já possui o ar-condicionado. Por que não condicionar a educação da Alemanha? Por que não aplicar a essa nação doente de crises cíclicas do furor das feras enjauladas a doçura do remédio Educação?

O homem civilizado é um puro e simples produto da educação. Só a educação amansa, socializa e internacionaliza. O povo germânico é a mais alta expressão de eficiência e capacidade mental. Para tornar-se um povo *primus inter pares* precisa só de uma coisa: educar-se no alto sentido internacional. E se o mundo não educar a Alemanha agora, depois de vencida pela segunda vez, se reincidir no erro de mais uma vez aplicar-lhe o estúpido remédio da violência, só conseguirá uma coisa: gestar em vinte ou cinquenta anos a Terceira Guerra Mundial – e nessa talvez o mundo seja derrotado."

Quando era proibido entrevistar Monteiro Lobato*

Decididamente: tenho "peso" com Monteiro Lobato. Jamais consigo dele uma entrevista em ordem. Encontro-o sempre "do contra", em oposição a tudo e a todos. Nossa conversa vira debate, não raro discussão – felizmente sem briga de fazer inimizade. Mas para o jornal e seus leitores nada trago de aproveitável, como matéria da entrevista ou reportagem. Também, com liberdade de ação só procurei Monteiro Lobato uma vez. As outras têm sido em função de certos interesses publicitários, e aqueles que me encomendam o serviço nunca pensam na irreverência do mestre de *Urupês* e na sua inflexível disposição para falar a verdade, somente a verdade, doa a quem doer.

– Por dizer o que penso já fui parar na cadeia. E por dizer invariavelmente o que penso, irei para o inferno, com a graça de Deus – comentou ainda outro dia o grande escritor num dedo de prosa com o repórter.

Durante o longo período ditatorial, certo matutino de São Paulo encomendou-me uma entrevista com Monteiro Lobato. Falava-se em sua ida para a Academia. O contista de São Paulo, na opinião do secretário do jornal, era um assunto e tanto, bem oportuno, bem do momento. O repórter devia interrogar o acadêmico em estado latente sobre a sua possível eleição, saber dele que obras preparava, obter, enfim, tudo quanto fosse interessante para uma entrevista.

* *Entrevista de Mário da Silva Brito para o* Jornal de São Paulo, *publicada em maio de 1945. Nota da edição de 2009.*

Crivei-o de perguntas. E somente obtive respostas que seriam "cortadas", com muito histerismo, pelo Dipinho estadual. Numa das partes dessa entrevista não escrita, porque não seria publicada, Lobato dizia, interrompendo bruscamente o jornalista e fugindo do tema da conversa:

– Sabe, na minha opinião, qual é o maior escritor do Brasil?

– ?!

– Getúlio Vargas. Por quê? Ora por quê!... Porque foi o único que entrou para a Academia com 45 votos: quarenta dos acadêmicos vivos e cinco de "imortais" já mortos, que ressuscitaram para ter a honra de votar nele... Convidaram-me para entrar lá, mas sou muito coerente comigo mesmo. Só serei "imortal" se puserem esse grande gênio fora de lá a pontapés.

Como os leitores estão percebendo, esta é uma reportagem retrospectiva. Estou remexendo a memória – e também velhas tiras de notas – para reproduzir, agora, impressões e palavras do criador do Jeca Tatu. Cumpri à risca as instruções do secretário do jornal. Fui desfiando as perguntas e anotando as respostas. Sobre os livros que estaria escrevendo ou matutando neles, Lobato afirmou – e era "blague" – ter quase pronto uma obra sobre os Direitos do Homem, cujo nome todo era "Da necessidade fundamental de liberdade política para a sobrevivência e dignidade dos povos".

– O título é longo porque toda a essência do livro está nele. Meu sonho é completar essa obra e publicá-la. Sim, porque posso escrevê-la e ser impedido de imprimi-la. Mas tenho fundas esperanças de alcançar o meu objeto. Muito breve editarei esse livro e o farei em virtude do rápido avanço dos russos na Estônia e na Polônia...

Depois dessa longa fala, saída com ênfase, a ênfase de um homem seriamente apaixonado pela liberdade de pensamento, Edgar Cavalheiro, em cujo escritório se realizava a entrevista, talvez querendo ajudar o repórter, perguntou a Lobato sua opinião sobre o movimento literário então em processo no Brasil.

– Acho que esse movimento literário está prejudicado pela falta de liberdade que têm os autores de dar plena expressão às ideias – foi sua resposta.

E acrescentou:

– E o que hoje se publica é palha apenas, porque os autores são obrigados a engolir as suas ideias. Há no Estado Novo um medo pânico da liberdade de pensamento – daí a opressão. E ninguém cá fora reage. Tudo quanto se publica peca por falta de substância. Não vejo nada sincero, nada do que eu desejava ver.

Outra pessoa presente à entrevista – não me lembro quem – resolveu entrar na conversa e discutir com Lobato a fim de provar-lhe que ainda se publicavam livros importantes, sérios, valiosos para o estudo e a interpretação da vida brasileira. E citou, então, entre as obras assim categorizadas, a *Formação do Brasil contemporâneo* de Caio Prado Júnior.

Lobato duelou, firme e bravamente:

– Não li esse livro. Não li porque não leio livros sobre o passado. O passado é cemitério. Gosto de livros que pintem o dia de amanhã, as vitórias que vêm vindo... Livros que tratam do padre Feijó, por exemplo, não me interessam.

Não era mais uma entrevista. Era uma luta, uma briga, um *match* de boxe intelectual. Todo mundo falava, discutia, perguntava – e Lobato, firme, era um campeão aceitando desafios.

Ao lhe perguntarem por que se interessava assim pelo futuro, quando o presente tanto precisava de sua colaboração, teve esta resposta:

– Penso no amanhã, porque estou prestes a deixar o mundo e quero entrever o país do futuro. Não há mais nada para mim afora adivinhar e penetrar o futuro. Isso porque "já vivi"e só me resta agora passar do estado sólido para o gasoso.

Volta-se a falar na nova literatura brasileira, na literatura que se fazia na época. Citam-se autores, lembram-se obras. Lobato – que fumava um cigarro em homenagem às vitórias da Rússia, pois um vespertino acabara de anunciar um avanço empolgante – mosqueteirava impávido, divertindo-se com todos.

– Que acha da nova geração?

– É pior do que a anterior. Não por sua culpa. Mas por causa da ditadura – essa megera que há 13 anos vem deformando o caráter dos moços.

Zango-me. Brigo também. Lembro o nome de inúmeros moços, escritores ou não, que fazem resistência e trabalham contra a situação política.

– Mas os que escrevem nada podem produzir de útil. São forçados a mordejar as verdades. Estão tapeando. Não conheço esses moços citados. Estou muito fora do mundo. Porque depois que o mundo ficou assim – assim terrível e fascista –, minha defesa tem sido ler apenas as notícias dos bombardeios da RAF e das vitórias dos russos. Presentemente, o Brasil não me interessa em nada, nem em seus homens, nem em suas coisas. Não acredito nesses moços.

– Mas eles creem em Monteiro Lobato. Têm-no como um guia, um exemplo de resistência. Acreditam em Lobato e o estimam.

– É que eles são arqueólogos – refuta o escritor. – Champollion e outros também estudavam múmias e gostavam disso.

– E Lobato se considera múmia?

– Sou uma múmia falante. Uma múmia ambulante. E meu epitáfio é este: "Aqui jaz um homem que nunca leu a *Brasiliana* nem ouviu a *Hora do Brasil*".

– Por que essa ojeriza contra a *Brasiliana*?

– Porque me parece covardia escrever-se tanto sobre o passado. A única atitude que admito dentro duma infame ditadura é o mutismo – o mais absoluto mutismo. Ninguém escrever sobre coisa nenhuma, em vez da evasão que é escrever sobre o passado.

E virando-se para o repórter:

– Uma coisa que sempre desejei fazer e até agora não pude era dirigir um apelo ao Brasil, ao povo brasileiro. Quem sabe se o seu jornal se dispõe a veicular minhas palavras? Proponho que todos no Brasil nos suicidemos no mesmo dia e fiquemos, os quarenta milhões que somos, fedendo no nariz da Ditadura...

Houve um silêncio, como se as pessoas reunidas no escritório de Edgar Cavalheiro estivessem pensando no convite à morte feito por Monteiro Lobato, pelo bravo lutador Monteiro Lobato, general da resistência, atacado naquela hora de profundo desânimo. E não era para menos. Terrível a vida brasileira naquela época. A guerra dia a dia vinha sendo vencida e disso só se podia saber por que a BBC informava com exatidão, pois no QG do capitão Amílcar de Meneses os funcionários do DIP enfrentavam, intrépida e ingratamente, as tropas de Timoshenko. Ingrata e estupidamente.

Entre as perguntas encomendadas pelo secretário do jornal havia uma sobre a sua literatura infantil. Como estava a serviço e tinha depois de dar contas do seu trabalho, o repórter falou sobre ela com Lobato.

– Tenho uma série de livros na cabeça – respondeu. – Estão na cabeça feito piolhos. Mas não estão escritos. Ainda estão em estado larvar.

– E que diz Emília do Brasil de hoje? – indaga um dos "sapos".

– Emília e Tia Anastácia têm ideias muito sérias a respeito do Brasil. Ambas desejam que este "gigante deitado em berço esplêndido" seja como o sítio de Dona Benta, esse lugar onde todos vivem felizes, contentes uns com os outros, e onde há plena liberdade de pensamento. Querem que o país todo se torne um sítio de Dona Benta, o abençoado refúgio onde não há opressão nem cárceres – lá não se prende nem um passarinho na gaiola. Todos são comunistas à sua moda, e estão realizando A *República* de Platão, com um rei-filósofo na pessoa de uma mulher: Dona Benta.

Eis a entrevista que "não fiz" com Monteiro Lobato. Ele tinha toda a razão. Que adiantava escrever ou trabalhar naqueles dias? Tudo tinha que ser sob medida, de acordo com os "planos previamente estabelecidos" pela nova ordem nazista. Era uma grande entrevista. Espetacular. De aumentar a tiragem – o que deixaria jubilosa a gerência do jornal. Mas inútil o trabalho do repórter. Tempo perdido aquele. Foi como o tachou o secretário, antes de exclamar: – Esse Lobato é impossível!

Tudo isso me vem à mente agora. De novo estou na presença de Lobato e vou procurá-lo também por encomenda. Não há DIPs atualmente. Mas há, sempre e sempre, as conveniências e os interesses, e de novo perco o meu tempo – no entender dos meus chefes, pois que para o repórter é sempre uma alegria conversar uns minutos com Lobato.

O escritor, porém, não me quer deixar sair decepcionado desta palestra. Se perco por um lado, ganho por outro. Conta-me o autor de *Negrinha* que cerca de nove de seus livros infantis estão saindo este mês na Argentina, devendo ainda aparecer em espanhol os livros *Urupês, outros contos e coisas* – que é como se chama a edição ônibus de sua obra aparecida na época de seu jubileu literário – e *A barca de Gleyre*, onde se reúnem suas cartas, durante quarenta anos, para Godofredo Rangel.

E me faz presente de um volume da *Viaje al cielo*, tão belamente editada pela Americalee.

Lobato não quer saber de entrevistas. Já está mais do que enjoado de falar aos jornais. Prefere conversar apenas. Com a condição do repórter não tomar notas. Ficamos então num "papo mole", agradável. Mas dessa prosa o repórter, depois de afastar algumas "inconveniências" do terrível irreverente, guardou várias observações curiosas.

Falando sobre a campanha do livro, atualmente empreendida pelos editores e livreiros, Lobato disse, por exemplo, que ela muito o diverte, e a acha ótima enquanto populariza, como vem fazendo em seus anúncios, "a careta dos escritores".

– Só havia por toda parte a careta do Gillette das lâminas, de modo que hoje, quando vejo num jornal o retrato de um escritor, fico satisfeito. E creio que o povo também gosta de ver essas caras novas. O povo está farto da cara do Getúlio e do Caxias.

Outra observação de Lobato:

– Com a idade perde-se a vontade de ler. O velho fica exigente. Só se interessa por coisas ótimas. Porque o livro é como mulher. Quando se é moço, qualquer criatura de saia impressiona. A mocidade gasta carinhos com prodigalidade. É aquela exuberância das glândulas... Mas na velhice, época em que se fazem rigorosas seleções, só as damas indiscutivelmente belas merecem atenção. Assim com o livro: na juventude, qualquer um serve; lê-se, nesse tempo, confusamente, a torto e a direito. Porém, quando os anos chegam, só mesmo coisa papa-fina.

Monteiro Lobato acha que o livro está absurdamente caro. Mas não culpa os editores. Culpa a situação. As finanças erradas do Brasil. As imbecilidades econômicas do Estado Novo. Diz que entre nós somente podem ler os ricos.

– Se o pobre não pode comprar sequer o seu feijão com arroz, como poderá adquirir livros?

Na rua, no ônibus, em casa, e agora nesta máquina de escrever tirânica, o repórter martela uma ideia: por que não se fazer uma campanha para a concessão do prêmio Nobel a Monteiro Lobato? Não é ele talvez o maior escritor da América? O que tem, indiscutivelmente, obra já definitivamente julgada pela crítica? Não é ele também o escritor infantil de nossa época? O renovador das letras para as crianças? Um Andersen caboclo?

E aqui se confundem as emoções do repórter, que se perde na revivescência de sua infância. E ouve a voz, hoje emudecida, de seu avô, um dinamarquês sonhador, a contar-lhe com ternura e carinho as histórias ingênuas e belas de Andersen. E repete, nesta madrugada cheia de evocações, a "saudade" de Narizinho, de Rabicó, de Sabugosa, os heróis que fizeram felizes os seus tempos de moleque.

E só posso dizer, agora, na rememoração comovida dos anos passados, e com toda a gratidão:

– Obrigado, vovô...

– Obrigado, Monteiro Lobato...

Bibliografia selecionada sobre Monteiro Lobato

De Jeca a Macunaíma: Monteiro Lobato e o modernismo, de Vasda Bonafini Landers. Editora Civilização Brasileira, 1988.

Juca e Joyce: memórias da neta de Monteiro Lobato, de Marcia Camargos. Editora Moderna, 2007.

Monteiro Lobato: intelectual, empresário, editor, de Alice M. Koshiyama. Edusp, 2006.

Monteiro Lobato: furacão na Botocúndia, de Carmen Lucia de Azevedo, Marcia Camargos e Vladimir Sacchetta. Editora Senac São Paulo, 1997.

Monteiro Lobato: vida e obra, de Edgard Cavalheiro. Companhia Editora Nacional, 1956.

Monteiro Lobato: um brasileiro sob medida, de Marisa Lajolo. Editora Moderna, 2000.

Na trilha do Jeca: Monteiro Lobato e a formação do campo literário no Brasil, de Enio Passiani. Editora da Universidade do Sagrado Coração/Associação Nacional de Pós-Graduação em Ciências Sociais, 2003.

Novos estudos sobre Monteiro Lobato, de Cassiano Nunes. Editora Universidade de Brasília, 1998.

Revista do Brasil: um diagnóstico para a (n)ação, de Tania Regina de Luca. Editora da Unesp, 1999.

Um Jeca nas vernissages, de Tadeu Chiarelli. Edusp, 1995.

Vozes do tempo de Lobato, de Paulo Dantas (org.). Traço Editora, 1982.

Sítio eletrônico na internet: www.lobato.com.br
(mantido pelos herdeiros do escritor)

Este livro, composto nas fontes Electra LH, Rotis e Filosofia, foi impresso em papel pólen soft 80 g/m² na gráfica Edigráfica. Rio de Janeiro, Brasil, janeiro de 2020.

Conferência

Georgismo e Comun

América

eratura do Minarete

Crônicas

urupê

deias de Jeca Tatu

Mr. Slang

tras notas

Problema V

Zé Brasil

Crônicas

Pererê: Resultado de um

Carta

A Onda Verde

Miscelânea

Ferro

O Presidente N

Opiniões

Na Antevésp

Voto Secreto

Fragmento

Jeca Tatu

Prefácios

A Barca de Gleyr

Macaco que se fez Homem

Imposto únic

NEGRINHA

Entrevistas

Cartas Escolhi

Cartas de Amor

alo do Petróleo